FENG SHUI, NOUVELLE VIE !

Groupe Eyrolles
61, bd Saint-Germain
75240 Paris Cedex 05

www.editions-eyrolles.com

Illustrations : Caroline Gleizes-Chevallier

Collection dirigée par Anne Ghesquière – Fondatrice du magazine FemininBio.com
www.FemininBio.com

Cette collection propose des sujets tournés vers *l'être au lieu d'avoir*
pour replacer la relation à soi et à l'autre au centre de tout.

Dans la même collection :

Christine Lewicki, *J'arrête de râler !*
Charlotte Poussin, *Apprends-moi à faire seul*
Christophe Chenebault, *Impliquez-vous !*

En savoir davantage sur cet ouvrage :
www.moninterieurfengshui.com
Pour contacter l'auteur :
caroline@cg1618.com

ISBN : 978-2-212-55421-2

CAROLINE GLEIZES-CHEVALLIER

FENG SHUI, NOUVELLE VIE !

EYROLLES

PRÉFACE

J'ai eu la chance de découvrir la Chine au début des années 1980, il y a plus de trente ans. Les rares visiteurs étaient encadrés et surveillés dans ce pays qui commençait à entrouvrir ses portes au monde occidental. Notre délégation a été logée pendant plusieurs jours à Xu Fu dans l'antique palais rénové de la famille de Confucius. À cette époque, ma culture sinologue était totalement livresque et j'ai expérimenté la magie du Feng Shui sans en connaître les principes. J'ai vécu un grand moment de bonheur dans cet espace où toutes les règles de l'art qui facilitent la bonne circulation de l'énergie étaient appliquées. Magie des portes circulaires, de l'utilisation raisonnée des ouvertures, des couleurs, des points cardinaux, des objets. De retour en France, je me suis documenté et j'ai compris que tout cela répondait à des codes intelligents, basés sur l'observation du processus de vie observé dans la nature et appliqué à l'architecture intérieure et extérieure. *A posteriori*, je suis heureux d'avoir expérimenté et ressenti l'effet du Feng Shui sans en connaître les grands principes.

La lecture du livre de Caroline Gleizes-Chevallier nous permet de réaliser le même voyage. L'auteur ne nous donne pas un cours de taoïsme ou de philosophie chinoise. Elle nous prend par la main et nous fait circuler dans notre espace de vie pour regarder, écouter, sentir et ressentir. À partir de cette analyse de base, elle nous propose de voir des solutions simples, relevant du bon sens commun, qui vont nous permettre d'aménager notre vie et de modifier légèrement notre comportement pour faciliter cette circulation bénéfique de l'énergie. La lecture de ce livre nous permet ce voyage dans notre univers quotidien et nous vivons cette transformation comme un cadeau qui nous est offert à chaque page, cadeau que nous faisons partager à notre famille, nos amis et notre entourage. Un livre simple, intelligent, rempli de bon sens et de références occidentales et extrême-orientales qui sont l'expression de la culture tout en finesse et intelligence de Caroline et sa grande maîtrise de ce sujet complexe et passionnant.

Jean Becchio
Docteur en médecine
Directeur d'enseignement Université Paris XI

SOMMAIRE

DÉDICACE

À Folco et à mes quatre enfants : Aurore, Constance, Louis-Félix et Auguste.

À tous ceux qui se sont essayés au Feng Shui et qui se sont découragés devant la complexité des règles, qu'ils aient ici un outil simple, pratique et efficace pour améliorer leur vie.

REMERCIEMENTS

Tout d'abord merci à mon mari, mon fidèle complice de chaque instant, qui m'a fait découvrir le Feng Shui, m'a encouragée et m'a soutenue dans cette aventure.

À Isa et Étienne Gleizes qui veillent au grain depuis des années, et nous entourent comme ils savent si bien faire.

À Guy Gilbert dont je suis les enseignements percutants et bénéfiques depuis ma tendre enfance.

À Anne et Gilles Ghesquière pour leur soutien et leur confiance.

À Jean-Jacques Picard, mon mentor depuis plus de vingt ans, pour ses conseils et ses avis toujours avisés et pertinents.

À Christian Lacroix chez qui j'ai découvert les rouages et les subtilités de la création, de la réification d'un univers invisible, fait d'intuitions, de rêves et de partage.

À François Mahe, mon fidèle ami, toujours présent aux étapes charnières.

À Julie Strichard pour son amitié et son aide précieuse.

À Romain et Marie-Laurence Camus pour leur don et leur partage d'énergie infinie.

À Marie-Amélie Dewavrin chez qui j'ai lu mon premier livre sur le Feng Shui il y a vingt ans.

À Gilles Guthierez pour ses conseils scientifiques.

À Jean Becchio pour ses cours de Qi Kong, et le partage des nouvelles découvertes en neurosciences et en autohypnose.

Pour l'écriture du livre, merci à Juliette Dumont et Gwénaëlle Painvin, mes éditrices, pour leurs conseils, et à Valérie Mauriac, ma correctrice, pour son remarquable travail.

Je tiens à remercier également tous ceux qui m'ont donné de leur temps, ont témoigné et donné de la matière pour illustrer mes propos : Folco, Véronique, Sandrine, Patrick, Florence, Isabelle, Nathalie, Marianne, Pierre et Laurence, Pascal, Bénédicte, Laurent, Nicolas, Marianne, Maryse, Jean, Clémence et Ambroise, Claire et Henri, Christilla, Jean-Luc, Christophe, Paule et Jean-Jacques, Stéphanie, Muriel, Marie, Marie-Amélie, Sylvie, Nadia, Béatrice et Benjamin, Ronald.

IMPORTANT

Tous les cas que je présente dans les pages qui suivent sont tirés de mon expérience. À quelques rares reprises, j'ai choisi de rassembler plusieurs préoccupations pour des motifs littéraires ou de clarté de conseils.

Pour des raisons évidentes, les noms et toutes les informations permettant d'identifier les personnes ont été changés.

INTRODUCTION

Nous vivons dans un monde hyperactif où tout va très vite et nous sommes stimulés en permanence (téléphone, mails, ordinateurs, informations, réseaux sociaux, panneaux publicitaires...).

Être performant est notre obsession : aller plus vite, plus loin, faire mieux que son voisin, que son collègue... Il nous faut réussir à tout prix et nous devons – voulons – répondre à toutes les demandes à la fois :

en couple, nous aimerions être amoureux comme au premier jour ;
nos enfants doivent être brillants, beaux, aimables et en bonne santé ;
notre famille doit être aimante, unie, compréhensive, et doit nous soutenir ;
nos amis doivent être présents, drôles et attentionnés ;
nous voulons rester jeunes, en forme et en bonne santé ;
nous devons être efficaces et performants dans un travail épanouissant ;
nous voulons du temps pour être créatifs, innovants et entreprenants.

Nous voulons exceller dans tous les domaines, mais nous tirons sur la corde et nous nous épuisons. Alors, lorsque nous rentrons chez nous, nous pouvons laisser tomber nos masques et redevenir celui ou celle que nous sommes réellement.

Mais nous faisons rentrer dans notre maison les énergies négatives, la fatigue, les blessures physiques et morales reçues dans la

journée, au bureau ou sur le trajet. Et toutes ces énergies engrangées par le corps et l'esprit vont se retrouver dans nos intérieurs. Mais nous avons si peu ou pas de temps pour les regarder, ces intérieurs. Nous y passons en coup de vent... Nous ne nous y sentons pas toujours très bien : c'est trop petit, il manque telle ou telle chose. « Ah, si j'avais ce canapé, cette nouvelle télévision, ces nouvelles connections, c'est sûr je serai plus heureux ! »
Car consommer rend heureux, c'est vrai, tout notre environnement le crie. Ou bien fait-on semblant d'y croire, car c'est facile ?
Et c'est là que le Feng Shui intervient, car quelle que soit la localisation ou la taille de notre appartement, ou de notre maison, nous pouvons y être heureux ou malheureux. Si l'être est le reflet de son âme, la maison est le reflet de celui qui y habite.
Notre monde est souvent brutal et incertain, il est indispensable d'être sûr de retrouver en notre maison un foyer calme, serein, harmonieux et paisible.
Rentrer à la maison, dans son appartement ou son pavillon, doit être synonyme de solidité, de refuge, de ressource, d'harmonie et de vitalité.

IMPORTANT

Le Feng Shui est un art extrêmement complexe et riche. Le parti pris de ce livre est bien d'appliquer des règles simples, souvent de bon sens, et de façon ludique.

LE FENG SHUI POUR TOUS !

Le Feng Shui est un art chinois dont le but est d'améliorer le bien-être des individus dans leur lieu d'habitation. Il s'adresse à tous.

Qui que nous soyons, quelles que soient nos préoccupations, le Feng Shui peut nous aider à trouver un regain de vitalité, à mieux nous organiser et surtout… à gagner du temps !
Nous sommes tous uniques et avons tous un style et des goûts différents. Nous avons aussi tous un art de vivre différent. De fait, nos intérieurs sont à notre image, uniques.

CONSEIL

Ce n'est pas tant le style que la façon dont j'investis mon lieu de vie qui a de l'importance.

Le Feng Shui décrypte l'impact de l'environnement sur les individus, sans les juger ni les noter.
Il permet la meilleure circulation possible de l'énergie positive (le *sheng chi*) et d'annihiler la mauvaise énergie (le *shar chi*). Il donne à tous la possibilité d'utiliser toutes les énergies bénéfiques qui nous entourent et de neutraliser celles qui sont négatives.
Les notions de « bon *chi* » et de « mauvais *chi* » sont essentielles dans le Feng Shui. Il est important de bien assimiler ces termes.
S'il n'y a pas de traduction idéale pour le mot *chi*, la définition la plus juste serait : « principe, force, qui anime tous les éléments sur terre et dans le ciel et qui établit les relations entre eux. »
Le *sheng chi* (ou bon *chi*) est le souffle de croissance. Le *shar chi* (ou mauvais *chi*) est le souffle tueur.
Par exemple, une rivière qui coule tranquillement diffuse un bon *chi* (*sheng chi*), quand un torrent dévastateur, ou encore un marais stagnant, répand un mauvais *chi* (*shar chi*).
Chaque objet, de par sa forme, sa couleur, son style, envoie des informations et des énergies plus ou moins subtiles, plus ou moins fortes (voire parfois violentes).

1. Mon quotidien, c'est parfois…

2. Les idées noires

3. L'explosion de colère

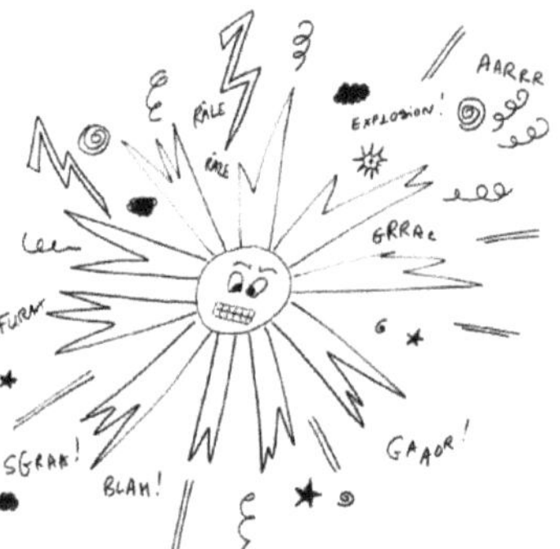

4. Ne plus savoir vers où aller

5. La course contre la montre

6. Vouloir toujours être le premier

7. Rêver de créer un monde meilleur

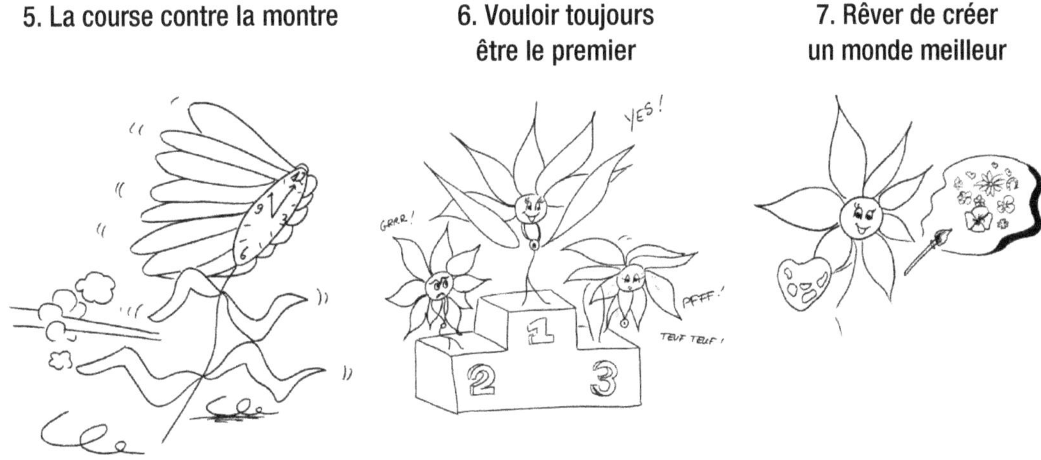

8. Grâce au Feng Shui, notre quotidien peut devenir…

Le Feng Shui est une approche multiréférentielle qui prend en compte :

la circulation de l'énergie ;
la disposition des murs, des pièces d'une maison ;
l'environnement ;
les directions cardinales ;
l'emplacement des ouvertures (portes, passages, couloirs et fenêtres) ;
la façon dont nous investissons un lieu ;
la façon dont nous nous approprions ce lieu ;
l'agencement des mobiliers ;
les formes, les couleurs et les matières.

LES ORIGINES ET LOIS PRINCIPALES DU FENG SHUI

UN PEU D'HISTOIRE

Le Feng Shui est pratiqué en Chine depuis la dynastie Tang (888 de l'ère chinoise, environs 1500 ans av. J.-C.). À l'époque, il aidait à la sélection des lieux de sépulture les plus favorables, selon les principes du Feng Shui, dans l'idée que des ancêtres heureux favoriseraient une destinée heureuse à leurs descendants.

Ces principes ont fini par s'appliquer à la vie quotidienne dans le but d'en améliorer la qualité.

Le Feng Shui était alors exclusivement réservé à la famille impériale et aux classes dirigeantes de la Chine.

Le plus grand maître Feng Shui fut probablement Yang Yun Sang, reconnu dans les textes anciens comme « fondateur » du Feng Shui de la forme. Il était un personnage important à la Cour de l'empereur Hi Tsang (dynastie Tang).

Ce n'est qu'au cours du XXe siècle que le Feng Shui est devenu accessible à tous.
Le Feng Shui a une approche analogique de la conception du monde et s'appuie sur trois points d'étude :

- l'interaction entre les humains et l'environnement ;
- l'art du placement ;
- les relations entre l'environnement proche et la vie humaine.

Il existe trois domaines d'influence sur terre :

- le ciel : le temps qu'il fait, l'atmosphère, la qualité de l'air ;
- la terre : qui comprend la nourriture, les abris et les vêtements ;
- les humains : l'importance pour eux d'être en harmonie avec leur entourage.

Le Feng Shui se traduit littéralement par vent (*Feng*) et eau (*Shui*), ces deux éléments circulant partout sur la terre. L'air (le vent) et l'eau sont deux éléments indispensables à toute forme de vie ; sans l'un ou sans l'autre, la vie n'est pas possible.
Ces deux éléments sont la base de notre force vitale, cette énergie est nommée *chi*.

LES DIFFÉRENTES ÉCOLES

Il existe trois principales écoles de Feng Shui : le Feng Shui de la forme, le Feng Shui de la boussole et le Feng Shui de l'étoile volante. Toutes ces écoles ont un même et unique but : améliorer la vie des individus et l'énergie de l'environnement.

LE FENG SHUI DE LA FORME

C'est une analyse visuelle du paysage, il recherche le meilleur lieu en fonction des montagnes, des collines et des cours d'eau.
Les canaux d'énergie qui circulent dans la terre sont appelés les veines du Dragon, ceux qui circulent dans le corps sont appelés les méridiens.

L'énergie qui circule sur la terre s'appelle le souffle du Dragon. Dans cette école, la forme des montagnes, la direction des cours d'eau et la recherche de l'antre du Dragon ont une importance toute particulière. Des collines ondulées dans un paysage paisible sont l'un des signes significatifs de la présence du dragon vert. Le Feng Shui de la forme étudie la circulation de l'énergie vitale, du souffle cosmique – le *chi* – le *chi*, étant le principe qui anime tout être vivant, le flux même de la vie.

LE FENG SHUI DE LA BOUSSOLE

Il s'appuie sur six paramètres qui sont :

Les orientations géographiques (Nord, Sud, Est et Ouest)

Ces quatre directions sont elles-mêmes subdivisées en deux, les orientations semi-cardinales (Nord-Est, Nord-Ouest, Sud-Est et Sud-Ouest).

Elles sont à leur tour divisées de façon égale en trois. Les vingt-quatre sections obtenues, de 15° chacune, sont nommées les vingt-quatre montagnes.

Les directions géographiques ont une influence et une importance prépondérante dans l'analyse. En effet, chacune influe sur un domaine particulier de notre vie (familial, professionnel, amical, créatif...).

Les huit trigrammes

Le trigramme est une représentation des trois éléments : ciel, terre et humanité. Il se compose de trois lignes horizontales pleines ou discontinues. La ligne la plus haute représente le ciel, celle du milieu l'humain et la plus basse la terre.

Ces huit trigrammes ont un emplacement précis et se répartissent autour d'un symbole octogonal appelé le *pa kua* (ou *bagua*).

Ces huit trigrammes désignent les composants d'une famille chinoise traditionnelle dans l'ancien temps. Cette famille idéale se composait du père et de la mère, de trois fils et de trois filles, chacun ayant son trigramme particulier.

L'énergie de naissance

Elle est représentée par un chiffre, le chiffre *kua*. Ce dernier se calcule selon qu'on est un homme ou une femme et dépend de la date de naissance. Ce chiffre donne une indication sur la qualité d'énergie intrinsèque de la personne : l'énergie de transmission, par exemple, favorise une carrière d'enseignant.

Le carré magique du *lo chu*

C'est un outil qui découle de l'orientation géographique et du chiffre *kua*. Il permet d'identifier les secteurs et les orientations fastes ou néfastes, favorables ou défavorables pour chacun d'entre nous.

La loi des cinq éléments

Selon les préceptes du Feng Shui, toute forme d'énergie, tout objet physique, toute saison, toute orientation géographique contiennent des caractéristiques qui interagissent entre elles.

Ces caractéristiques sont matérialisées par cinq éléments. Il s'agit des éléments bois, feu, terre, métal et eau.

Ces éléments interagissent de façon constructive et sont alors source d'énergie faste, ou interagissent de façon destructive et sont alors source d'énergie néfaste.

C'est le principe d'interaction de tous ces éléments présents sur terre, en quantité et en qualité harmonieuses et équilibrées.

Ces éléments passés dans les mains de l'homme interagissent les uns avec les autres, de façon harmonieuse et constructive ou bien déséquilibrée et destructrice.

À chacun de ces éléments sont associés une saison, une direction, une couleur, une forme, un type d'énergie, un nombre et un organe du corps.

Le principe d'équilibre du *yin* et du *yang*

L'univers est composé de deux principes opposés et complémentaires : le *yin* et le *yang*. Le *yin* symbolise l'aspect passif, l'obscurité, le froid, la réceptivité, le silence, l'introspection, la femme. Le *yang* symbolise l'aspect actif, la lumière, la chaleur, la dynamique, le bruit, l'homme.

Ce concept est un concept clé du Feng Shui. Le *yin* et le *yang* ne peuvent exister l'un sans l'autre, ils décrivent deux qualités qu'on retrouve en toute chose.

LE FENG SHUI DE L'ÉTOILE VOLANTE

Du Feng Shui de la boussole, qui est l'étude spatiale des lieux, découle le Feng Shui de l'étoile volante qui a une dimension temporelle. C'est une école basée sur le moment et sur l'orientation.

L'étude d'un lieu repose sur sa date de construction et sur son emplacement.

À chaque époque, à chaque lieu, à chaque orientation correspond un certain type d'énergie qui a une influence sur ceux qui habitent dans ce lieu.

On l'aura compris, chacune de ces écoles et de ces lois est un programme à lui seul, et la maîtrise de l'ensemble de ces lois est indispensable pour un résultat optimal. L'apprentissage peut durer une vie entière tellement l'ensemble est complexe et subtil. Mais cette complexité peut freiner certains amateurs de Feng Shui.

COMMENT UTILISER CE LIVRE ?

Pour une application stricte du Feng Shui, les règles sont extrêmement complexes : étude de la forme, des orientations géographiques, analyse des énergies de naissance de chacun des occupants, etc. Cette extrême complexité décourage souvent ceux qui souhaitent se lancer dans un aménagement Feng Shui. C'est pourquoi ce livre a pour parti pris une action simple et ludique.

Par exemple, ce qui concerne le couple s'étudiera plus particulièrement dans la chambre et dans le salon. De même, nous irons voir les lieux de vie des enfants pour ce qui se réfère à leur épanouissement. L'entrée, le salon, la cuisine et le coin repas préfigurent, eux, l'accueil des amis et l'unité de la famille.

Nous verrons également que la façon dont les habitants sont représentés (images, portraits, photos ou peintures, statues), le choix des objets de décoration et l'endroit où ils sont placés, sont autant d'indices révélateurs.

IMPORTANT

L'ambition de ce livre est de proposer assez d'éléments pour que vous puissiez vous-même réaménager votre maison, de façon simple et pratique, et attirer chez vous les énergies bénéfiques.

Les conseils prodigués sont souvent de bons sens et faciles à mettre en œuvre. Ils s'adressent à tous, hommes, femmes, en couple ou célibataires, aux enfants et aux adolescents. Ils concernent tous nos centres d'intérêt : amour, famille, vie professionnelle, enfants, alimentation, amis, créativité. Si tout est interaction, il y a des liens plus ou moins évidents et dominants entre nos centres d'intérêt et les pièces de la maison.

Ainsi, chaque chapitre comporte un objectif et une réalisation précise à atteindre en quatre étapes :

La première étape consiste à faire deux exercices : remplir un questionnaire et dessiner un graphe de satisfaction. Le résultat de ce travail permettra de diagnostiquer le problème à résoudre et de déterminer le(s) lieu(x) à réaménager.

La deuxième étape est la lecture d'un témoignage. Ce décodage expliqué pourra vous donner des indices sur vos propres préoccupations.

Dans la troisième étape, vous trouverez des conseils Feng Shui inhérents au sujet traité.

La quatrième étape est un test sous forme de jeu : vous allez devoir relever sur un dessin tous les éléments générateurs d'énergie néfaste. Peu importe le style des mobiliers, il faudra vous concentrer sur la disposition des éléments et trouver au moins sept erreurs à ne pas reproduire chez vous. Les solutions seront présentées en fin d'ouvrage.

BIENVENUE !
WELCOM !
2012

LES RÈGLES D'OR DU FENG SHUI : FAIRE CIRCULER LES ÉNERGIES POSITIVES

#01

« Quand règne un bonheur parfait et sans nuage dans votre voisinage, il jette automatiquement une lumière bienfaisante autour de votre maison. »

Un soupçon légitime, Stéphane Zweig

S'il est facile de se meubler aujourd'hui (rares sont les jeunes couples qui commencent leur vie avec pour seul mobilier un matelas et une étagère). Il est vrai en revanche que nous vivons dans des espaces de plus en plus réduits. Et très vite, nos intérieurs se remplissent d'éléments épars : il y a ceux qu'on achète, ceux qu'on nous offre, ceux qu'on nous prête, ceux qu'on reçoit en héritage...

Il faut savoir que tout ce qui est chez nous envoie des signes, plus au moins heureux, plus ou moins harmonieux. Alors lorsque vous commencez à avoir un sentiment d'étouffement, d'enfermement ou de manque d'espace, posez-vous les questions suivantes :

- Quelle place physique et affective prend cet objet ?
- Qu'est-ce que je perds, physiquement et affectivement, si je m'en sépare ?
- Qu'est-ce que je gagne, physiquement et affectivement, si je le vends, si je le donne ou si je le déplace ?

Une table bien encombrante

J'ai à l'esprit le cas d'amis qui ne mettaient plus les pieds dans leur salon, leur lieu favori étant devenu leur cuisine.

Tous leurs pots, déjeuners et autres dîners se passaient soit dans leur cuisine (joliment aménagée), soit sur leur terrasse qui, il est vrai, jouit d'une vue exceptionnelle !

L'hiver approchant, ils souhaitent se sentir à nouveau bien dans leur salon et me demandent d'y jeter un œil : je découvre deux énormes canapés très accueillants et confortables, une cheminée (décorative, car elle ne possède pas de conduit !), une commode et une immense table en verre et fer forgé couverte de bazar.

La table qui occupe à elle seule un tiers de la pièce et sert visiblement de « dépotoir » est le fruit d'un long, laborieux et coûteux travail.

Affectivement, elle les empoisonne, car elle leur rappelle les centaines d'heures de travail et les sommes colossales investies pour sa réalisation. Physiquement, bien que pouvant accueillir dix personnes, elle encombre réellement la pièce. Mais ils ne veulent pas s'en séparer parce que « quand même elle est très belle et c'est moi qui l'ai faite ! »

Sur la terrasse se trouve une table en plastique bancale et usée qui accueille généreusement 10 personnes (coïncidence !). La solution pourrait donc être de remplacer la table en plastique bancale par la table en fer forgé, et bien sûr de jeter la table bancale. Ainsi elle n'encombrera plus physiquement le salon, et consolidera l'accueil des déjeuners et dîners. Elle pourra aussi être l'objet d'émerveillement : « Quel talent ! Que de temps passé ! Elle est magnifique ! »

Affectivement, la présence d'une table de belle facture sur la terrasse en remplacement d'une table sans valeur et sans confort fera ressortir tous les aspects positifs de cette table : création, qualité, confort et talent de celui qui l'a réalisée.

Souvent, ce n'est pas l'objet qui est en cause, mais bien son emplacement.

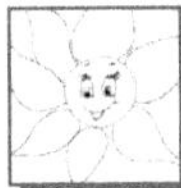

IMPORTANT

Le Feng Shui n'a que faire des notions de bien ou de mal, il permet de détecter la disharmonie et recherche perpétuellement l'équilibre et l'harmonie.

Pour étudier un lieu, notre corps dispose de cinq sens : la vue, l'odorat, le toucher, le goût et l'ouïe. Chacun peut voir et ressentir un lieu, une pièce, chacun peut laisser ses cinq sens entrer en contact avec l'environnement et prendre conscience de ce qu'il perçoit.

Dans un premier temps, c'est la vue qui va nous permettre d'analyser les éléments visibles, dans un second temps se sont l'odorat, le toucher et l'ouïe qui vont permettre d'analyser les éléments invisibles.

LES ÉLÉMENTS VISIBLES

Les éléments visibles se répartissent en six catégories d'importance égale : les structures mêmes de la maison (les sols, les plafonds et les murs), les ouvertures (les portes et les fenêtres), les lieux de passage (l'entrée, les couloirs et les escaliers), la lumière, le mobilier et les objets de décoration.

LES STRUCTURES DE LA MAISON (SOLS, PLAFONDS ET MURS)

Le Feng Shui permet par analogie de faire un parallèle entre le sol et la terre, le plafond et le ciel. L'homme se situe entre les deux, se nourrissant de l'énergie de l'un comme de l'autre. Les murs, eux, peuvent se comparer à la peau, cette fine enveloppe qui nous protège des agressions extérieures.

De ce fait, la structure, la couleur, la matière et la qualité des sols, des plafonds et des murs sont très importantes dans un habitat.

Les sols doivent être adaptés à chaque pièce : les sols de la cuisine et de la salle de bain, par exemple, seront de préférence en élément terre, comme le carrelage ou les dalles de pierre. C'est par le sol que nous recevons l'énergie de la terre, même dans une maison !

Vos murs doivent être sains, sans humidité, sans cloques, sans salissures. Si vous les recouvrez de tissu, préférez les matières naturelles. De même pour les papiers peints, utilisez de préférence des colles et des enduits naturels. Les murs n'ont pas que des oreilles, ils respirent aussi et vous restituent leur énergie. Avoir des murs sains, propres et en parfait état redonne de la vigueur.

Si des moisissures ou des taches apparaissent, nettoyez-les vigou-

reusement. Si vos papiers peints se décollent des murs, recollez-les. Ces signes sont la manifestation visible d'énergies négatives et néfastes pour votre bien-être.
De même, les plafonds sont associés à la pensée. S'ils sont cloqués, troués, percés, ils vous envoient des *shar chi*, ces énergies négatives qui vous fatiguent et vous empoisonnent.

UN TROU BÉANT

Lors d'une expertise, je me souviens avoir rencontré Pierre dont le parquet présentait, au centre de l'appartement, un trou assez large pour que le pied s'y glisse.
Quelle que soit la pièce dans laquelle il devait se rendre, il lui fallait passer par cet endroit et, de fait, faire un léger bond ou éviter ce creux dangereux en se contorsionnant.
Je lui conseille d'emblée de réparer ce dégât, mais Pierre me donne mille et une raisons, toutes meilleures les unes que les autres, pour ne pas remédier à ce problème. La plus importante était que ce trou ne le gênait plus, qu'il en avait oublié l'existence ayant tellement l'habitude de l'éviter. Effectivement, j'ai vu son corps se contorsionner naturellement à l'approche de la cavité.
Cette détérioration avait une histoire, douloureuse d'ailleurs. Et tant qu'elle n'était pas réparée, cette douleur se rappellerait immanquablement à lui. Le lieu (le centre de l'appartement) n'était probablement pas non plus une simple coïncidence.
Refaire un parquet est certes coûteux, mais en attendant de pouvoir le financer, Pierre peut toujours mettre un simple morceau de lino et le recouvrir d'un tapis. C'est une démarche qui peut être salutaire pour lui car, par analogie, elle peut estomper la douleur liée à cette détérioration... Démarche salutaire pour ses amis aussi, à qui immanquablement il dit « Attention au trou ! », s'ils ne se sont pas déjà pris les pieds dedans !
Le centre est le lieu de l'équilibre d'une personne, il est essentiel qu'il soit en bon état et... solide.

LES OUVERTURES

Les ouvertures, portes et fenêtres, permettent à l'énergie d'entrer dans votre maison. Bien disposées et en bon état, elles permettent aux bonnes énergies de nourrir favorablement votre maison et ceux qui y résident.

LA PORTE D'ENTRÉE ET SES ACCESSOIRES

C'est la première chose que l'on voit en arrivant chez vous. La porte d'entrée est essentielle dans une maison. Elle est, par analogie, associée à la bouche de la maison, celle par laquelle l'énergie rentre : l'énergie de l'air et de ceux qui pénètrent votre maison.

Son rôle est d'admettre chez vous ce que vous voulez y faire entrer et qui vous voulez y faire entrer. Son seuil doit être parfaitement dégagé et facile d'accès.

Sa forme et sa taille sont importantes et donnent un bon nombre d'indications : une porte étroite n'invite pas à entrer, une ouverture spacieuse davantage, la logique veut qu'elle soit proportionnelle à la taille de la maison.

Le matériau de la porte d'entrée doit être solide et de bonne qualité. Préférez les portes pleines et évitez autant que faire se peut les vitres sur votre porte d'entrée : l'énergie rentre et sort en permanence et ne nourrit donc pas convenablement votre maison. Si l'entrée est sombre et que c'est le seul moyen d'avoir de la lumière, pensez à la fermer le soir au moyen de rideaux ou de volets.

La poignée de votre porte d'entrée doit être solide et bien fixée. Préférez les poignées aux formes arrondies, elles apportent de la douceur.

La couleur de votre porte d'entrée est importante, plusieurs tonalités sont propices. Le rouge est la plus propice des couleurs, elle symbolise richesse et prospérité, de plus elle « coupe » l'énergie de l'extérieur et protège celle qui est dans votre maison. Une porte verte sera symbole de bonne santé, une porte sombre, noire ou bleue, symbolisera l'intériorité.

Le carillon de votre sonnette doit être agréable, il donne le ton à vos invités, une sonnerie stridente vous enverra des informations agressives et dérangeantes.
Votre porte d'entrée doit être dotée d'un paillasson épais et confortable. Il est indispensable pour « nettoyer » les souillures rapportées sous vos souliers et ceux de vos visiteurs. Évitez d'y faire inscrire votre nom : un nom écrasé et sali par les souliers n'est pas de bon augure.

LES PORTES DE COMMUNICATION INTÉRIEURES

Les portes doivent s'ouvrir et se fermer facilement, elles permettent la libre circulation de l'énergie et des occupants d'un lieu. Rien ne doit gêner le passage, l'ouverture ou encore la fermeture d'une porte.
Vous éviterez donc d'utiliser l'arrière d'une porte comme lieu de rangement. C'est incroyable ce que l'on peut trouver derrière les portes : des patères, des sacs, des planches à repasser, un vieux tableau... Retirez absolument tout ce qui peut gêner l'ouverture ou la fermeture de vos portes.
Les gonds doivent être bien huilés, les poignées doivent fonctionner correctement et la porte bien se fermer. Les portes qui grincent n'apportent pas de bon Feng Shui : les grincements de porte sont le bruitage le plus utilisé dans les films d'horreur et d'angoisse.
Préférez les poignées aux formes rondes et aux courbes douces. Les poignées rectilignes sont source de « flèches empoisonnées », donc de mauvais *chi*.
La porte des toilettes et de la salle de bain doit toujours être fermée. Pensez-y, ce sont des lieux d'intimité et d'évacuation.
Idéalement, vos pièces doivent comporter une seule porte. Deux ou trois portes dans une pièce induisent des situations conflictuelles. N'hésitez pas à condamner les portes en surnombre. Lorsque vous condamnez une porte, elle ne doit plus être visible, sans quoi l'effet de condamnation devient doublement négatif.

Si vous êtes propriétaire, pas de problème, montez un bout de mur. Si vous êtes locataire, et que votre propriétaire n'est pas d'accord pour « l'effacer », rien ne vous empêche de démonter la poignée et de mettre une armoire, une étagère ou une tenture devant. Vous remettrez la poignée avant de quitter définitivement les lieux.

LES FENÊTRES

Les fenêtres sont associées aux yeux de la maison. C'est par elles que se porte le regard vers l'extérieur et vers l'intérieur. Plus elles sont grandes, plus elles laissent généreusement entrer le soleil et l'énergie. À l'extrême inverse, les fenêtres de type meurtrières incitent davantage à l'enfermement, à la défense et au repli sur soi. Une maison de maître a de larges fenêtres, une ferme a de petites fenêtres, adaptez la taille de vos fenêtres à la maison, et à ce que vous souhaitez voir de votre environnement.

CONSEIL

Vous prendrez soin le soir de fermer vos fenêtres par des stores, des rideaux, des volets. Votre maison, comme vous, a besoin de repos.

Ne laissez jamais un volet coincé, la lumière doit pleinement rentrer dans votre habitation.
Pour vos rideaux et autres stores d'intérieur, préférez toujours les matériaux naturels de type coton, lin, soie ou bois. Évitez de manière générale les matériaux en résine ou en plastique, qui vieillissent moins bien.

IMPORTANT

La porte d'entrée est assimilée à la bouche de la maison, les fenêtres à ses yeux. L'une sert à nourrir la maison, les autres à voir.

LES LIEUX DE PASSAGE

Les couloirs et les escaliers sont les chemins qui permettent à l'énergie de circuler d'une pièce à l'autre et d'un étage à l'autre. Ils sont essentiels pour une bonne « respiration intérieure » de la maison. Mais attention, selon leur disposition, ils permettront à l'énergie soit de nourrir les différents espaces, soit au contraire de les empoisonner.

LES COULOIRS

Les couloirs permettent à l'énergie de circuler dans une maison ou un appartement. Ils sont les lieux de passage pour accéder aux différentes pièces ou pour passer d'une pièce à une autre. Ils doivent donc être dégagés et laisser la libre circulation des énergies et des individus qui s'y déplacent.
Lorsque le couloir est long, il permet l'accélération de l'énergie qui, au lieu de nourrir le lieu, devient une énergie négative qui peut affecter les habitants.
Si vous avez un couloir long et en ligne droite, placez des plantes vertes (si la largeur vous le permet) et accrochez des tableaux de part et d'autre afin de ralentir le *chi* qui circule.
Ne mettez jamais de miroir au bout d'un couloir : il ne ferait que doubler sa longueur, ce qui serait encore plus néfaste. Au contraire, pour l'élargir, vous pouvez placer des miroirs de part et d'autre du passage, en faisant bien attention à ne jamais en placer face à une porte.
Enfin, faites toujours en sorte que les couloirs soient bien éclairés.

CONSEIL

N'encombrez pas vos couloirs de meubles, d'étagères, de placards ou autres obstacles à la bonne circulation des individus et de l'énergie vitale.

LES ESCALIERS

Les escaliers n'ont pas le vent en poupe en Feng Shui, bien au contraire. En effet, puisqu'ils permettent de monter ou de descendre, l'énergie est donc soit ascendante soit descendante et vous affecte de la même sorte.

Évitez à tout prix les escaliers en colimaçon qui créent une sorte de tourbillon mal venu, ainsi que les marches sans contremarche, ou encore les escaliers de verre car l'énergie passe au travers. Préférez toujours les escaliers aux contremarches pleines.

Ne mettez rien sous l'escalier, si ce n'est éventuellement un débarras.

Les escaliers aux marches larges et aux courbes douces sont préférables aux escaliers droits, à la pente raide et aux marches étroites. Il est important que les marches soient parfaitement adhérentes et non glissantes.

Afin de stabiliser l'énergie, vous pouvez mettre un grand miroir sur le palier où arrive l'escalier. Veillez bien à ce que la plus grande personne de la maison puisse s'y voir en entier.

Mettez une grande plante verte au bas de l'escalier, ou encore un grand cristal à facettes en bout de rampe, c'est décoratif et cela redistribue l'énergie.

Évitez autant que possible les escaliers peints en rouge vif : le rouge est une couleur qui coupe l'énergie. Les différents paliers de la maison et les pièces attenantes seraient « coupés » les uns des autres.

Lorsque vous installez des tableaux, évitez de les accrocher en suivant les marches, cela amplifierait l'énergie « en escalier ».

Alignez-les horizontalement par deux ou trois en fonction de l'espace, afin de rééquilibrer l'énergie.

Les escaliers ne doivent pas être au centre de la maison : en effet si toutes les surfaces de la maison ont leur importance, le centre de la maison a une importance capitale. L'énergie du centre a un impact sur tous les aspects de votre vie et interagit avec toutes les autres surfaces. Idéalement, le centre de la maison est ouvert, aéré, accueillant et agréable.

Si vous mettez un tapis, choisissez celui qui comporte l'ensemble des couleurs de la loi des cinq éléments : feu, terre, métal, eau et bois (voir p. 84). Le tapis aura, en quantité égale, les couleurs qui représentent ces cinq éléments, soit toutes les teintes allant du rouge au jaune, les bruns, le blanc, le gris, les fils argentés ou dorés, les bleus, les noirs et les verts.

LA DISPOSITION DES MOBILIERS

La disposition des mobiliers est un élément clé du Feng Shui, il est abordé tout au long des différents chapitres.

Nous vivons de plus en plus dans des habitations petites, nos mobiliers, armoires, étagères, tables, fauteuils, canapés, s'ils sont essentiels, doivent être adaptés à la taille des pièces, de l'appartement ou de la maison, et disposés de façon harmonieuse.

En règle générale, tous les mobiliers doivent être disposés de sorte à ne pas gêner la bonne circulation des individus, et donc de l'énergie. Il ne doit pas y avoir dans les passages de meubles, qui obligeraient à se contorsionner pour passer. La disposition des fauteuils et des canapés doit permettre un accès aussi facile qu'évident. Toutes les armoires et étagères doivent être aisément accessibles, leurs portes doivent pouvoir s'ouvrir et se fermer naturellement. Les objets qui s'y trouvent doivent aussi être simplement accessibles.

Tout ce qui bloque, qui n'est pas facilement accessible, est signe de difficultés dans votre vie.

CONSEIL

Pour repérer les blocages, jetez un œil sur la surface à évaluer et identifiez ce qui gêne la vue d'ensemble.

Parfois, nous recevons en héritage des meubles pas adaptés et pas toujours à notre goût. Pour chacun d'entre eux, il est bon de se poser les bonnes questions et de les reconsidérer : doit-on se séparer de ceux qui sont défectueux, de ceux qui sont inadaptés ou de ceux que l'on n'aime plus ?

UN DRÔLE D'HÉRITAGE

L'une de mes amies a reçu deux meubles anciens de belle facture : une armoire à alcool et une table de jeux. Ces deux meubles sont imposants et ne correspondent pas du tout au style contemporain qu'elle aime, mais il faut composer avec son mari et sa belle-famille qui leur a donné ces pièces en héritage. Voilà donc quelques années qu'elle voit tous les jours ces meubles qu'elle n'aime pas. Non seulement ils prennent une place importante, mais surtout ils sont quasiment inutilisables car très fragiles.

Après trois années de cohabitation avec ces meubles, une expertise leur apprend une nouvelle incroyable : ces meubles, qui lors du partage avaient été valorisés à une quinzaine de milliers d'euros, se trouvent en fait en valoir bien davantage ! Incroyable nouvelle qui ne change en rien son regard sur ces objets.

À cette même époque, elle et son mari étaient en recherche d'une maison. Ils en avaient trouvé une qui correspondait exactement à leurs rêves, pour laquelle l'apport

représentait à peu près la même coquette somme que la valeur de leurs meubles.
C'est une amie qui a fait le lien entre les deux : « Vous n'aimez pas ces meubles, mais vous vous sentez obligés de les garder car ce sont des meubles de famille. Ne pensez-vous pas que ces deux meubles, qui vous importunent depuis de nombreuses années maintenant, pourraient potentiellement se transformer en la maison de vos rêves ! »
L'histoire ne dit pas quel a été leur choix… En tout cas, ils ont pu regarder leur héritage d'un œil différent, il n'a plus été source de mauvaise énergie, mais a représenté un formidable potentiel : la participation à l'achat d'une maison !

LES OBJETS DE DÉCORATION

Notre société est avant tout une société de consommation : démultiplication de l'offre, obsession de la possession matérielle… Mais la possession est-elle vraiment la clé du bonheur ? Il semblerait que, malgré la crise, nous continuions à le croire. Mais qu'en est-il de la réalité ? Sommes-nous si heureux que ça ? Que manque-t-il à notre bonheur à part… un nouveau téléviseur, le dernier téléphone portable, les nouvelles collections de vêtements, d'accessoires, etc. ?
Selon certaines statistiques, un foyer allemand possède en moyenne environ 8 000 objets. Et nous, combien en possédons-nous ?
Si nous avions cinq minutes pour emporter ce à quoi nous tenons le plus chez nous, que choisirions-nous ? Qu'est-ce qui est essentiel ?
Il faut savoir que l'accumulation d'objets et d'affaires est source d'énergie, bonne ou mauvaise selon leur quantité et leur disposition.
En bref, gardez ce à quoi vous tenez vraiment. Débarrassez-vous du superflu, de l'inutile et surtout des objets et des affaires que vous n'aimez pas ou qui vous rappellent de mauvais souvenirs.
Vous pouvez méditer cette phrase de Saint Augustin : « Le bonheur est de continuer à désirer ce qu'on possède. »

IMPORTANT

Les objets n'ont pas d'âme, mais ils sont la projection de ce que nous y voyons. Ils sont la réification (matérialisation) de ce que nous voulons y voir.

LA LUMIÈRE

En Feng Shui, la lumière est associée à l'énergie et à la vitalité, c'est aussi le symbole du savoir.

Le système électrique d'une maison ou d'un appartement peut être, par analogie, associé au système nerveux et au niveau de vitalité des occupants.

Bien souvent, on remarque que les personnes âgées vivent dans des lieux sombres aux lumières douces. *A contrario*, un bureau est généralement pourvu d'éclairages vifs.

Un lieu peut être totalement transformé par l'ajout d'une lumière puissante, sans toutefois être aveuglante ! Regardez une pièce éclairée par une ampoule de faible intensité : changez l'ampoule et c'est l'ensemble qui changera. La pièce sera plus dynamique, plus vivante, plus gaie.

J'apprécie particulièrement les lampes de luminothérapie. Elles diffusent une lumière blanche à large spectre imitant celle du soleil, mais sans infrarouges et sans ultraviolets.

On remarque aisément que, lorsque le temps est triste dehors, la lumière diffusée dans l'appartement apporte une énergie gaie et vive !

CONSEIL

Toutes les ampoules de votre maison doivent être en parfait état de marche.
Ne laissez jamais une ampoule morte sur une lampe.
Ayez toujours un stock d'ampoules neuves d'avance.

Voyons maintenant les éléments invisibles que nous pouvons ressentir avec nos sens et qui sont mesurables à l'aide d'outils adaptés.

LES ÉLÉMENTS INVISIBLES

Les éléments invisibles se répartissent en quatre catégories qui sont : l'atmosphère (l'air que nous respirons et sa qualité énergétique), les éléments climatiques (température et degré d'humidité), les odeurs et le temps qui passe.

L'ATMOSPHÈRE

L'atmosphère de nos habitations est bien souvent plus polluée que l'air extérieur, même en ville : de nombreuses substances chimiques sont libérées par les peintures, les meubles, les produits d'entretien, les moquettes… Nous sommes quotidiennement exposés à ces micropolluants.

AÉRATION

Vous pouvez agir en aérant votre maison dix à vingt minutes tous les jours. Ce geste est essentiel pour assainir votre atmosphère.
Quel que soit le temps, aérez toutes les pièces tous les jours. Chaque journée apporte sa quantité d'énergie et sa qualité d'air.

Quel que soit le climat, la saison, la température, l'énergie de l'extérieur vient nourrir votre maison de ses bienfaits et vient remplacer l'air de la journée passée.

Le matin, sortez les énergies « sales » de la nuit. Repartez d'un bon pied avec un air frais et non vicié. En ville, pensez à aérer tôt le matin tant qu'il y a moins de circulation et donc moins de gaz d'échappement !

Au bord de la mer, à la campagne ou à la montagne, pas de souci, l'air du matin est toujours vivifiant.

LES IONS NÉGATIFS

Contrairement à ce qu'ils indiquent, les ions négatifs sont très positifs pour la santé !

Qu'est-ce qu'un ion négatif ? C'est une très fine particule chargée électriquement qui nous dynamise et nous apaise. Les ions positifs, eux, nous stressent et nous fatiguent.

Le manque d'ions négatifs est associé à certaines pathologies (asthme, fatigue chronique, migraines, allergies, état dépressif) qui s'amenuisent dès lors que la charge électrique de l'air est inversée.

IMPORTANT

Bonne nouvelle : on peut multiplier les ions négatifs et neutraliser les ions positifs.

Les générateurs d'ions positifs (mauvais pour la santé) sont multiples : nous pouvons citer les appareils électroménagers, les photocopieurs, les ordinateurs, les imprimantes, les téléviseurs, les moquettes, le tabac, le chauffage électrique, l'air conditionné...

Pour faire le plein d'ions négatifs, rien de tel qu'une mise au vert régulière dans les zones à forte concentration d'ions négatifs : la forêt, la montagne, le bord de mer, l'océan, les cascades de montagnes...

Lorsque cela n'est pas possible, vous pouvez diffuser des ions négatifs. Plusieurs solutions s'offrent à vous. Au quotidien, en ville, vous pouvez faire l'acquisition d'un ioniseur (ou ionisateur) qui purifie l'air en éliminant les particules en suspension. Vous pouvez aussi utiliser les diffuseurs d'huiles essentielles d'agrumes (comme celles du citron, de l'orange, du pamplemousse ou encore de cèdre) qui sont les plus génératrices d'ions négatifs, par conséquent les plus efficaces.

Une mini-fontaine d'appartement est aussi recommandée, si tant est qu'elle soit placée dans les secteurs Nord, et surtout pas dans une chambre !

L'eau humidifie l'air, ce qui est appréciable dans des appartements souvent secs car surchauffés.

Les ions négatifs viennent s'accrocher sur les particules en suspension dans l'air et les neutralisent, purifiant de ce fait l'atmosphère que nous respirons.

Si vous aimez disposer des coupelles d'eau parfumée, pensez à la changer tous les jours. L'eau qui ne bouge pas, qui est stagnante, s'abîme et se trouble. Elle perd alors de son action bénéfique et devient source de *shar chi* (action néfaste).

Le feu est l'un des plus grands producteurs d'ions négatifs. Si vous avez une cheminée, vous serez comblés d'ions négatifs, en plus du plaisir qu'apporte la vue d'un feu flamboyant, chaud et apaisant.

En ville, c'est moins évident, mais vous pouvez allumer des bougies un peu partout dans la maison. La lumière d'une bougie embellit les visages, rend l'atmosphère douce, chaleureuse et apaisante. La flamme de la bougie vous procurera des ions négatifs et du bonheur !

Si vous avez un système de climatisation, ou encore un système réversible climatisation/chauffage, pensez à nettoyer très régulièrement les filtres. Inutile de brasser des poussières dans l'air qui circule !

LES BIENFAITS DES PLANTES

Si l'efficacité des plantes dépolluantes est prouvée en laboratoire, elle ne l'est pas – encore – dans les appartements.

Toutes les plantes aux formes douces, sans épines, sont les bienvenues dans la maison. La seule pièce où elles sont inopportunes, c'est dans les chambres car les plantes sont de type *yang* : elles donnent de l'énergie active et sont donc peu propices au repos (les fleurs et les plantes sont tolérées uniquement dans les chambres des malades).

Voici quelques exemples de plantes dépolluantes : le ficus *Benjamina*, le lierre, le palmier nain, les chrysanthèmes, l'*Anthurium*, le *Phoenix Roebelenii* et le palmier bambou. Les plantes grasses sont aussi signe de richesse et de prospérité, n'hésitez donc pas à créer votre jardin intérieur idéal !

Privilégiez les plantes à feuilles rondes, sans piquants, évitez les cactées à épines, même si elles sont censées lutter contre les ondes électromagnétiques.

Il est indispensable que vos plantes soient vigoureuses et en bonne santé ! Dans le cas contraire, elles deviennent source de *shar chi* (énergie néfaste).

N'hésitez pas à les changer dès qu'elles paraissent tristes ou en mauvaise santé. Prenez-en soin : elles vous remercieront !

Plus il y a de plantes, plus l'air est sain et plus l'humidité qu'elles dégagent est bénéfique pour la santé.

Les fleurs séchées ne sont pas les bienvenues : elles sont par définition mortes et transmettent une énergie négative.

Si vous n'avez vraiment pas la main verte, vous pouvez remplacer les plantes vivantes par des compositions en soie de belle facture. Ces « fausses » plantes et fleurs sont alors émettrices d'énergie *yang* positive. Tout comme les fleurs vivantes, il faut en prendre soin, dépoussiérez-les régulièrement. Elles ne sauront toutefois égaler les bienfaits des plantes vivantes.

LES ÉLÉMENTS CLIMATIQUES

Les éléments climatiques sont les conditions de température, les sensations de chaud et de froid, et le taux d'humidité dans l'air. Ils dépendent des saisons et de votre environnement géographique.
Chaque saison, chaque condition climatique, apporte ses bienfaits naturels, selon un cycle régulier et immuable.
Les températures sont froides l'hiver et vont en augmentant pour atteindre un pic de chaleur en été. Soyez en harmonie avec les saisons, vivez et habillez-vous en conséquence.
Il est inutile de surchauffer votre habitation l'hiver, ni de transformer l'été votre maison en congélateur géant. Notre corps est sensible aux petites variations de température, il met plus de temps à apprécier les grands écarts. Quelques degrés de plus l'hiver et quelques degrés de moins l'été sont suffisants : laissez votre corps réagir, adaptez-vous aux saisons.
En ce qui concerne le taux d'humidité, si vous habitez dans un appartement surchauffé, l'air est souvent très sec et électrique. Vous pouvez vous doter d'un humidificateur d'air, vous serez peut-être surpris par la quantité d'eau nécessaire à son utilisation !

LES ODEURS

Faites la chasse aux mauvaises odeurs ! En nettoyant régulièrement votre maison dans tous les recoins, votre maison sera saine.
L'odorat est situé dans la partie la plus ancienne de notre cerveau, il était autrefois souvent « l'arme » la plus efficace pour sentir la nourriture au loin, la présence d'eau, la présence d'animaux sauvages et la présence du danger.
Si notre odorat n'est plus utilisé aujourd'hui pour notre défense ou notre survie, une odeur agréable peut donner le sourire à celui qui entre chez vous, ou au contraire lui donner envie de quitter les lieux au plus vite !

Pour oxygéner et parfumer nos intérieurs, j'apprécie particulièrement les huiles essentielles et les encens qui ont une double propriété : thérapeutique et bienfaisante. Ils sont en nombre suffisant pour que vous trouviez l'odeur qui vous convient.

Vous pouvez diffuser les huiles essentielles de plusieurs manières :

- dans un diffuseur d'huile essentielle, de préférence avec variateur d'intensité ;
- dans une fontaine d'intérieur (mais attention, cela encrasse rapidement le système) ;
- dans la cire liquide d'une bougie allumée ;
- sur des petits cailloux prévus à cet effet ;
- ou tout simplement encore dans une coupelle d'eau, que vous veillerez à changer tous les jours.

Il existe une très grande variété d'huiles essentielles, et en plus de vous ravir le nez, elles ont un pouvoir bénéfique.

Il existe également aujourd'hui de nombreux points de vente qui proposent des associations d'huiles essentielles à thème : relaxation, méditation, énergie...

IMPORTANT

Pensez toujours que les huiles essentielles sont à manipuler avec la plus grande prudence. Les effets sont puissants. Elles doivent toujours être hors de portée des enfants, et sont souvent déconseillées aux nourrissons et jeunes enfants. Renseignez-vous auprès de vos pharmaciens et vendeurs d'huiles essentielles.

Vous pouvez trouver aussi des encens sous forme de cônes, de bâtonnets ou encore de granules à faire brûler sur des charbons. De même que pour les huiles essentielles, préférez des encens d'excellente qualité, même s'ils sont plus coûteux. Achetez-les dans des magasins spécialisés.

CONSEIL

Une petite astuce pour différencier les encens naturels de ceux qui sont modifiés : évitez les bâtonnets ou les cônes qui sont colorés (en rouge, orange, bleu, violet…), car ce sont des colorants artificiels.

LE TEMPS QUI PASSE

Le temps qui passe est invisible. Sa représentation en revanche est visible au travers des horloges et des montres. Une horloge active un espace et le rend « vivant ».

Ne laissez jamais une horloge arrêtée, cela arrête par analogie le secteur dans laquelle elle est située, donc l'activité en lien avec ce secteur.

Tous ceux chez qui je suis passée au moins une fois faire une expertise le savent : ils s'empressent de remonter leurs montres et horloges, ou remettent vite une pile !

CONSEIL

Si « vous n'avez pas le temps », « si vous courez après la montre », c'est probablement que vous n'avez pas d'horloge dans vos pièces.

Gagnez du temps et gérez-le mieux en installant des horloges un peu partout. Vous verrez : c'est efficace !

Je regarde d'un œil neuf tout ce que ma maison comporte d'éléments visibles et invisibles :

Les structures, les sols, les murs et les plafonds sont impeccables.
L'alimentation électrique et l'éclairage sont suffisants et en bon état.

Les conduits d'arrivée d'eau et d'évacuation sont fonctionnels.
Les ouvertures, les portes et les fenêtres, et les lieux de passage sont libres de toute entrave.

Opération délestage : je m'apprête à retirer tout ce qui ne convient pas à l'aide des questions suivantes :

Quelle place prend cet objet dans ma vie ? D'un point de vue émotionnel, d'un point de vue physique ?
Ai-je besoin ou non de cet objet ? Physiquement et émotionnellement ?
Si je m'en sépare, qu'est-ce que je gagne ? Physiquement et émotionnellement ?

Je retire tout ce dont je n'ai pas besoin : ce qui m'affecte et ce qui prend trop de place, au sens propre comme au sens figuré.

Je jette tout ce qui est cassé, hors service, ébréché ou incomplet.

Je positionne le mobilier de façon à ce que l'énergie circule et serpente doucement.

Il n'y a pas un gramme de poussière, ma maison resplendit de propreté.

Je consomme moins, et j'investis dans la qualité plutôt que dans la quantité.

Je suis zen dans mon opération délestage. Je dois oublier les notions de bien ou de mal qui sont une invention de l'homme, pas de la nature.

Je cherche à effacer la dysharmonie, pour créer l'harmonie et l'équilibre.

FICHE RÉCAPITULATIVE

Pour un diagnostic qui s'appuie sur un autre regard dans sa maison, pour l'éradication des mauvaises énergies, la libération des bonnes énergies et leur libre circulation, observez et appréciez les éléments suivants :

Les éléments visibles et invisibles de l'habitation :
Des structures (sols, murs et plafonds) en parfait état.
Des ouvertures et des lieux de passages dégagés.
Une atmosphère saine et agréable.
Des plantes vertes et des fleurs fraîches et en bonne santé.
Des horloges qui fonctionnent.
Un éclairage puissant (toutes les ampoules sont en état de marche).

Les éléments de vie.
Les mobiliers affectivement et physiquement à leur place.
Les objets de décoration aux intentions positives.
Aucun objet inutile, cassé, ébréché ou hors service.

Une circulation et une propreté absolues.
Une chasse intransigeante à la poussière, à la saleté et aux objets cassés.

Le résultat : une maison qui respire la vitalité.

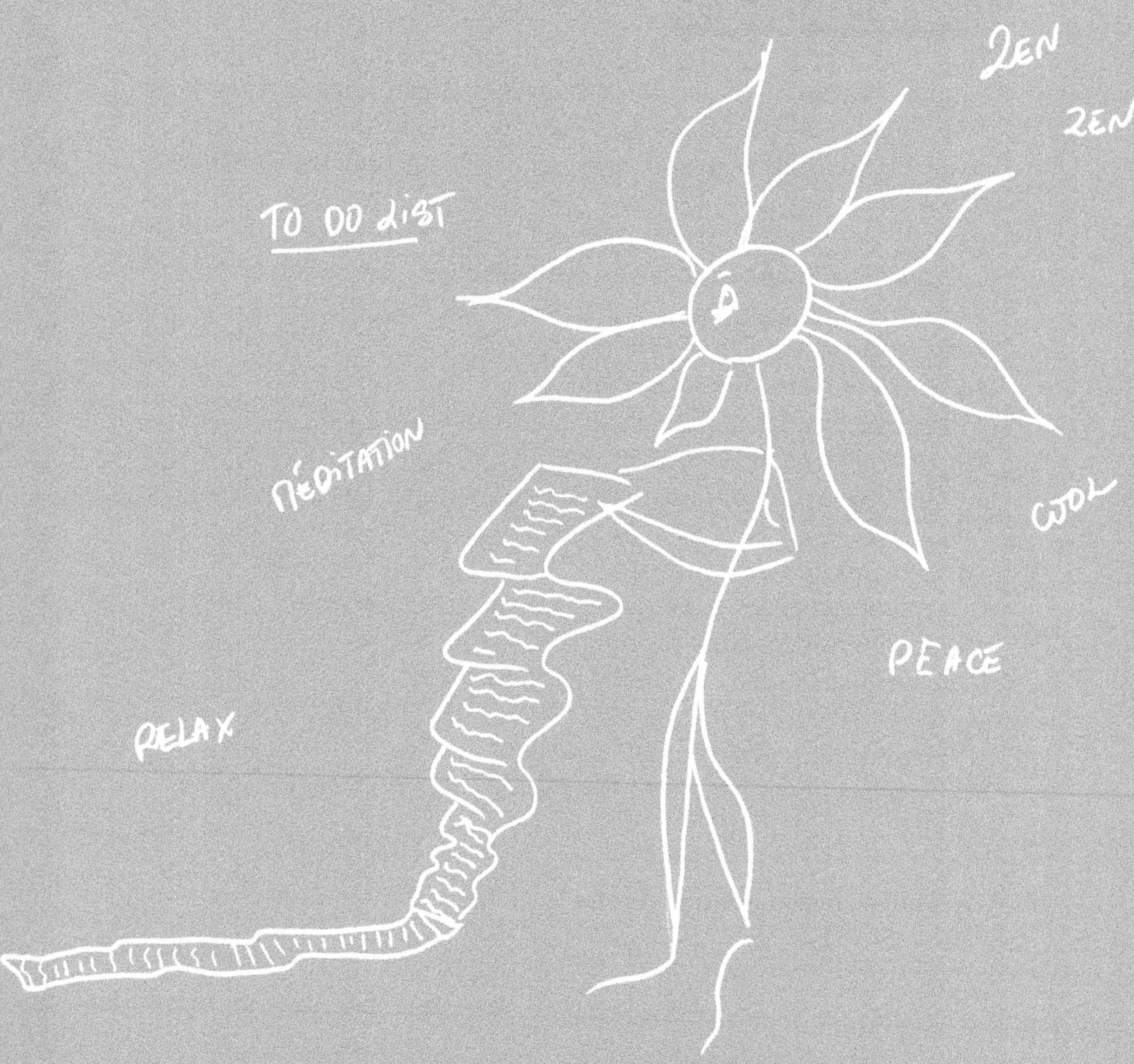
ZEN
ZEN
TO DO LIST
MÉDITATION
COOL
PEACE
RELAX
2012

BIEN ET MIEUX CHEZ MOI : PAR OÙ COMMENCER ?

#02

« Je ne cherche pas à connaître les réponses, je cherche à comprendre les questions. »

Confucius

Vous souhaitez vous revitaliser, attirer les bonnes énergies dans votre maison, mais vous ne savez pas encore clairement pas où commencer.

Ce chapitre va vous permettre de faire un point sur les différents aspects de votre vie quotidienne, de clarifier vos envies et de dresser une liste prioritaire des changements que vous souhaitez faire. Pour cela, vous allez suivre quatre étapes.

ÉTAPE 1 : JE FAIS MES EXERCICES

Pour vous aider à savoir par où commencer pour appliquer les conseils Feng Shui, prenez quelques instants pour faire les deux exercices suivants et établir votre diagnostic.

EXERCICE N° 1 : JE REMPLIS LE QUESTIONNAIRE

Remplissez le questionnaire ci-après en cochant la réponse qui vous convient le mieux, afin de pouvoir identifier le secteur de votre vie et de votre maison que vous voulez améliorer.

BIEN ET MIEUX CHEZ MOI : QUESTIONNAIRE

Bien et mieux chez moi	Oui ☯	Bof 😐	Non ✹
Je suis en pleine forme.			
Chez moi, c'est le bonheur.			
Je me ressource pleinement chez moi.			
J'adore rentrer à la maison.			
J'ai toujours plein d'amis qui passent me voir.			
Je dors super bien.			
J'ai plein de temps pour moi.			
J'ai mon espace personnel.			
Chacun trouve sa place, sans marcher sur les plates-bandes des autres.			
Je reçois souvent mes amis.			
Je suis invité(e) régulièrement.			
Mes enfants sont épanouis.			
Je gère hyper bien mon temps.			
Après une grosse journée de travail, je me ressource chez moi.			
Mon couple est aussi merveilleux qu'au premier jour.			
Je suis en pleine santé.			
Je suis perçu(e) comme heureux (se).			
Je suis perçu(e) comme innovant(e), créatif(ve).			
TOTAL			

Additionnez maintenant le total des symboles obtenus pour chaque réponse que vous avez cochée, et retrouvez ci-dessous votre profil.

Vous avez un maximum de ☯ :

Allez directement au chapitre 1 pour consolider vos acquis. N'hésitez pas à donner un coup de main à vos amis qui cochent les autres cases !

Vous avez un maximum de ☹ :
Lisez attentivement tous les conseils Feng Shui dispensés dans les chapitres 3 à 7 pour être encore davantage à l'écoute de vos véritables centres d'intérêts et optimiser votre intérieur.
Vous avez un maximum de ✹ :
Ce livre est pour vous, respectez les étapes. La bonne nouvelle, c'est que vous avez dans les mains l'outil qui va vous changer la vie !

EXERCICE N° 2 : JE REMPLIS MON GRAPHE DE SATISFACTION

Je note de 0 à 10 l'énergie et la joie que j'ai pu puiser dans ma maison, sans occulter les périodes de troubles et de tristesse. Je commence par l'année (ou le mois) zéro, date de mon emménagement. Puis je relie tous les points afin d'obtenir une courbe.

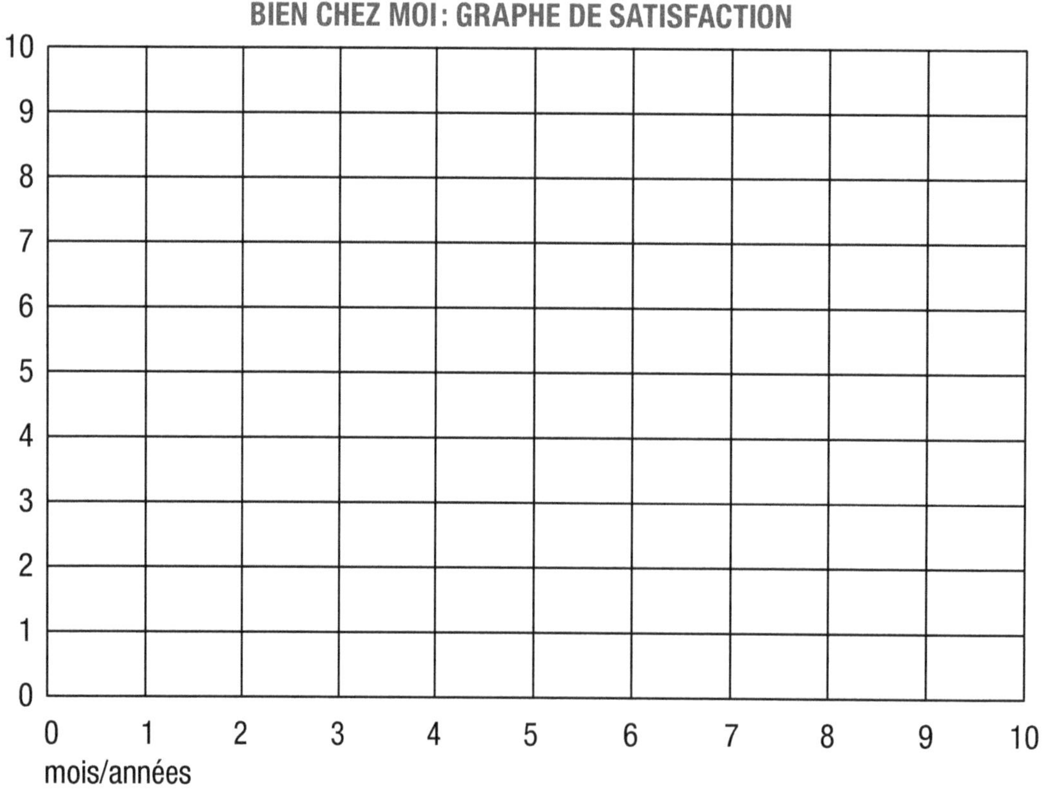

Si tout est à zéro, il est nécessaire de vite chercher une autre habitation ! Mais attention : vous risquez d'emmener vos problèmes avec vous !

DIAGNOSTIC

Vos réponses au questionnaire sont plus ou moins positives et vous donnent de précieuses indications sur votre état général.
Observez maintenant attentivement votre courbe et intéressez-vous aux changements. Essayez de nommer les points de rupture de la courbe afin d'identifier ces changements. Pour cela, aidez-vous des questions suivantes :

À quoi correspondent-ils ?
Quel(s) événement(s) est (sont) lié(s) à ce(s) changement(s) ?
À quel moment étiez-vous heureux ?
À quel moment avez-vous commencé à avoir des soucis ?

Pour vous aider à répondre à ces questions, interrogez-vous sur votre environnement proche, ou plus lointain, et sur vos préoccupations quotidiennes actuelles, ou antérieures :

Votre famille, votre couple, vos ancêtres.
Vos amis, vos relations.
Vos loisirs, le sport que vous pratiquez, vos destinations de vacances.
Vos enfants, leur école, leurs amis, leurs loisirs.

Prenez le temps de noter le résultat de vos réflexions par écrit.

C'est à vous !

....
....
....
....
....
....

Identifiez ce que vous voulez changer, prenez conscience des actions à entreprendre pour cela et trouvez le lien avec votre intérieur. Voici quelques questions qui vous permettront de faire ce lien :

Quel est l'état général de votre maison ? Avez-vous eu des inondations ? des problèmes d'électricité ?
Quelles sont les modifications que vous avez apportées ?
Qu'est-ce qui vous a affecté ?
Pourquoi, comment, avec quelle intensité ?
Quels effets collatéraux ont découlé de la nouvelle préoccupation ?
Notez les circonstances qui ont fait changer votre point de vue.
Qu'avez-vous changé dans la maison à ce moment-là ?
Qu'avez-vous ajouté ? Retiré ?
Avez-vous repeint les murs en couleur ?
Portez votre attention sur tout ce que vous avez changé dans la maison : des meubles que vous avez peut-être bougés, de nouveaux tableaux, objets de décoration qui sont arrivés ou qui sont partis. Qui vous les a offerts, dans quel contexte ? Cela vous a fait plaisir ?
Vous n'aimez pas certains objets, votre conjoint non plus ?
Pourquoi n'osez-vous pas les retirer, les donner, les jeter ?
Qu'en pensent votre conjoint ? vos enfants ? vos amis ?

Listez par écrit les actions que vous êtes décidé à engager, en y mettant des priorités.

C'est à vous !

....
....
....
....
....
....

CONSEIL

Soyez attentifs, commencez tranquillement, prenez votre temps.

Vous n'êtes pas dans une démarche « je veux – j'achète – je consomme », mais bien dans une réflexion sur votre vie et ce que vous voulez changer.

La nature va travailler pour vous, la nature évolue sans cesse, elle libère les énergies, elle suit un cycle à la fois lent et rapide. Pensez aux cycles de vie d'une fleur ou d'un arbre : il y a quatre saisons et chaque saison prend son temps pour faire son travail et pourtant les mois et les années paraissent filer à toute vitesse.

Il en va de même pour votre vie et les centres d'intérêt qu'elle comporte.

ÉTAPE 2 : JE M'INSPIRE D'UN TÉMOIGNAGE

VICTOIRE ET LÉO-PAUL

Victoire et Léo-Paul étaient un couple très amoureux. Ils se sont mariés et ont eu des enfants. Petit à petit, leurs relations se sont étiolées, consacrant moins de temps aux sorties et aux amis, et davantage à leurs enfants et à leur travail. Les soucis se sont accumulés au fur et à mesure des années, la bonne humeur et l'entente parfaite du début de mariage s'estompant et faisant place à l'agacement, voire parfois à des conflits. Cette relation ne les satisfait plus aujourd'hui, d'autant qu'ils ont la nostalgie de leurs premières amours et de la fluidité qui caractérisait tout ce qu'ils entreprenaient.

Voici comment Victoire et Léo-Paul ont rempli leur questionnaire.

BIEN ET MIEUX CHEZ MOI : QUESTIONNAIRE DE VICTOIRE ET LÉO-PAUL

Bien et mieux chez moi	Oui ☯	Bof 😐	Non ✹
Je suis en pleine forme.			x
Chez moi, c'est le bonheur.		x	
Je me ressource pleinement chez moi.		x	
J'adore rentrer à la maison.		x	
J'ai toujours plein d'amis qui passent me voir.			x
Je dors super bien.			x
J'ai plein de temps pour moi.			x
J'ai mon espace personnel.		x	
Chacun trouve sa place sans marcher sur les plates-bandes des autres.		x	
Je reçois souvent mes amis.			x
Je suis invité(e) régulièrement.	x		
Mes enfants sont épanouis.	x		
Je gère hyper bien mon temps.	x		
Après une grosse journée de travail, je me ressource chez moi.			x
Mon couple est aussi merveilleux qu'au premier jour.		x	
Je suis en pleine santé.			x
Je suis perçu(e) comme heureux(se).	x		
Je suis perçu(e) comme innovant(e), créatif(ve).	x		
Mes enfants sont une grande joie.	x		
Mes enfants sont source de repos et d'énergie.			x
Mes enfants ne prennent pas de temps ni d'énergie.			x
Nous avons suffisamment de temps pour nous deux.			x
Ma vie professionnelle est top et source d'énergie.		x	
Total	**6**	**7**	**10**

LECTURE DU QUESTIONNAIRE

D'après leurs réponses, vu de l'extérieur tout va bien : ils sortent, sont appréciés et gèrent parfaitement leur temps. En revanche, chez eux, ce n'est pas aussi rose.

Ils n'arrivent pas à se reposer, dorment mal, n'ont pas le temps de recevoir, et les enfants prennent une place importante dans leur maison. Au bureau ça va, mais le travail est probablement fatiguant. Il est vraisemblable que les difficultés engrangées dans la journée se sont inscrites au fur et à mesure des années dans leur maison, amplifiant le phénomène.

GRAPHE DE SATISFACTION DE VICTOIRE ET LÉO-PAUL

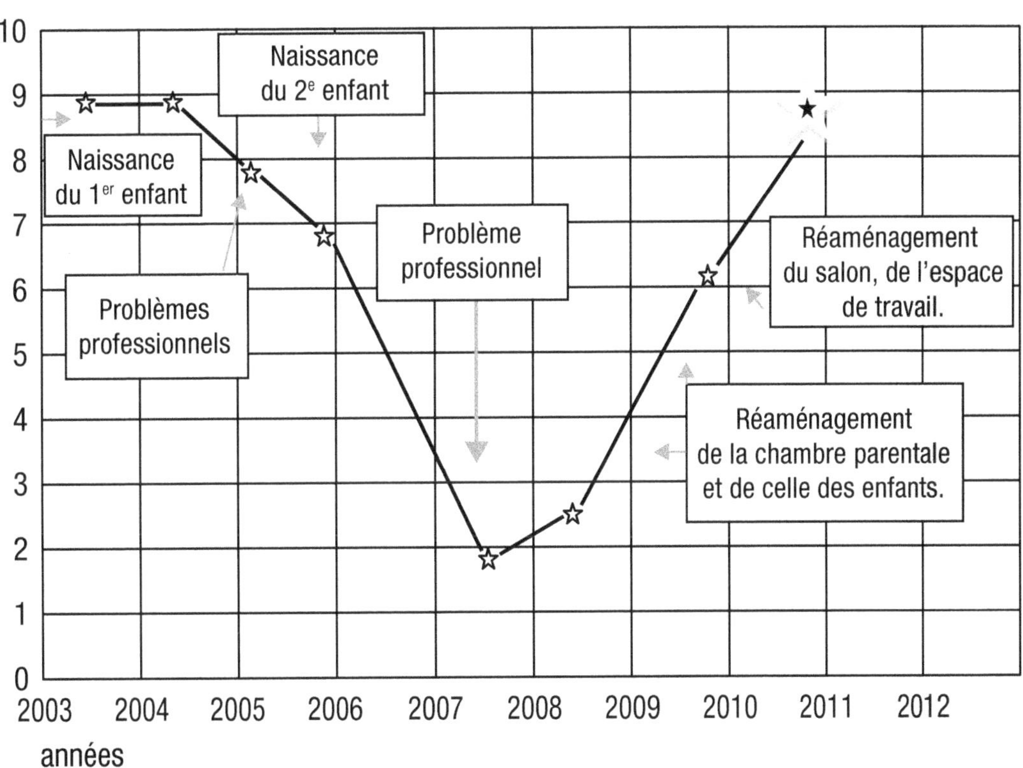

LECTURE DU GRAPHE DE SATISFACTION

En 2003, ils ont leur premier enfant, source de grande joie. Ils connaissent des problèmes professionnels en 2005. Puis un deuxième enfant naît la même année. En 2007, Victoire se fait licencier et déprime. Plus rien ne va, elle est fatiguée de tout. Léo-Paul subit : après ses grosses journées de travail, il retrouve à la maison ses deux enfants surexcités ; sa femme, elle, traîne sa déprime. Ils dorment mal, les enfants ne font pas toujours leurs nuits. L'ambiance est rude, la fatigue s'installe partout.

DIAGNOSTIC

Lorsqu'on regarde les points bas sur le graphe et les réponses « non » du questionnaire, on peut constater qu'à aucun moment ils ne parlent d'un manque de place, mais bien de soucis professionnels et de problèmes de santé. Cette souffrance est venue s'inscrire dans leur intérieur et l'expression du mal-être, visible dans toutes les pièces, a amplifié leurs problèmes.

Dans l'ordre de priorité, il est important d'abord qu'ils dorment mieux pour reprendre des forces, puis qu'ils retrouvent leur vie de couple heureux, et enfin que les enfants soient apaisés. Il faut que leur appartement soit source d'énergie pour qu'ils puissent bien évacuer leurs problèmes et être capables de construire un avenir professionnel plus serein.

En effet, avant de s'attaquer aux questions professionnelles, il est essentiel qu'ils se refassent une santé, en dormant mieux, en se ré-énergisant et en retrouvant leur complicité de couple. Lorsque la cellule souche de la famille est en pleine forme, le reste suit (enfants, amis, situation professionnelle).

Voici donc, dans l'ordre de priorité, les différentes pièces dans lesquelles ils devront appliquer le Feng Shui :

- leur chambre et leur salon pour améliorer leur sommeil et retrouver l'harmonie à deux ;

le centre de l'appartement pour améliorer leur équilibre, leur santé en général et retrouver l'harmonie en famille ;
la salle de bain et leur dressing pour retrouver confiance en eux.

ÉTAPE 3 :
JE DÉCOUVRE LES CONSEILS FENG SHUI

En fonction des résultats obtenus au questionnaire et des axes de réflexion qui ressortent de votre graphe de satisfaction, et donc des objectifs que vous vous fixez, allez directement au chapitre qui vous concerne.

Voici un rappel des liens entre vos centres d'intérêt et les différentes pièces qui composent votre intérieur :

Bien dans ma tête : la chambre, la salle de bain, le dressing et le sac à main (**Chapitre 3**).
Bien dormir : la chambre (**Chapitre 4**).
Bien dans mon couple : la chambre et le salon (**Chapitre 5**).
Bien avec mes enfants : leur chambre, la salle de jeux (**Chapitre 6**).
Bien entouré : l'entrée, le salon, la cuisine, la salle à manger (**Chapitre 7**).

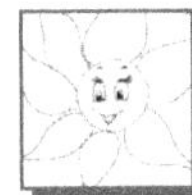

IMPORTANT

Ayez toujours en tête que le Feng Shui, tout comme la nature, n'a que faire des notions de bien et de mal, qui sont des notions subjectives. Le Feng Shui s'intéresse à l'harmonie et à la disharmonie recherchant perpétuellement à rétablir l'équilibre.

ÉTAPE 4 : JE VÉRIFIE MES CONNAISSANCES

Pour vérifier de façon ludique si vous avez bien assimilé les instructions, vous trouverez à la fin de chaque chapitre le jeu des sept erreurs, sous la forme d'un dessin où il vous faudra repérer les erreurs à ne pas reproduire dans votre salle de bain, votre chambre et celle des enfants, votre salon ou votre cuisine. Vous trouverez les solutions en fin d'ouvrage (p. 181 à 186).

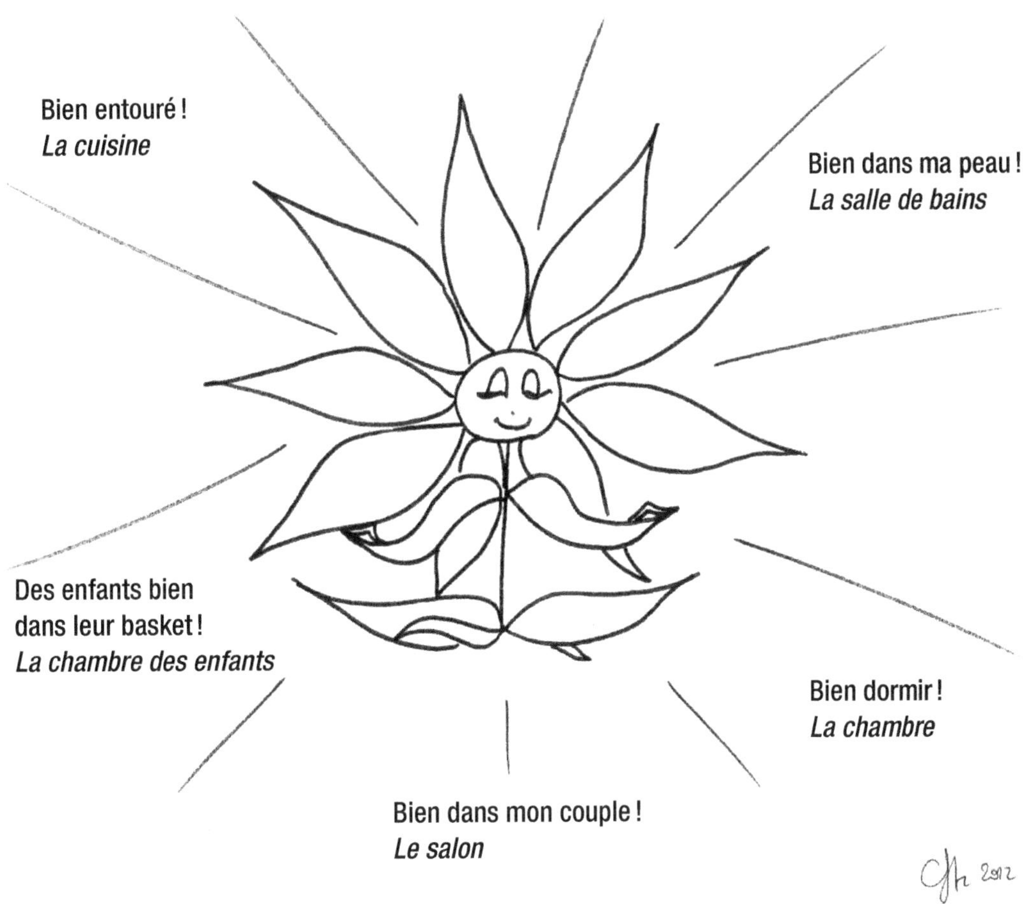
Bien entouré !
La cuisine
Bien dans ma peau !
La salle de bains
Des enfants bien
dans leur basket !
La chambre des enfants
Bien dormir !
La chambre
Bien dans mon couple !
Le salon
2012

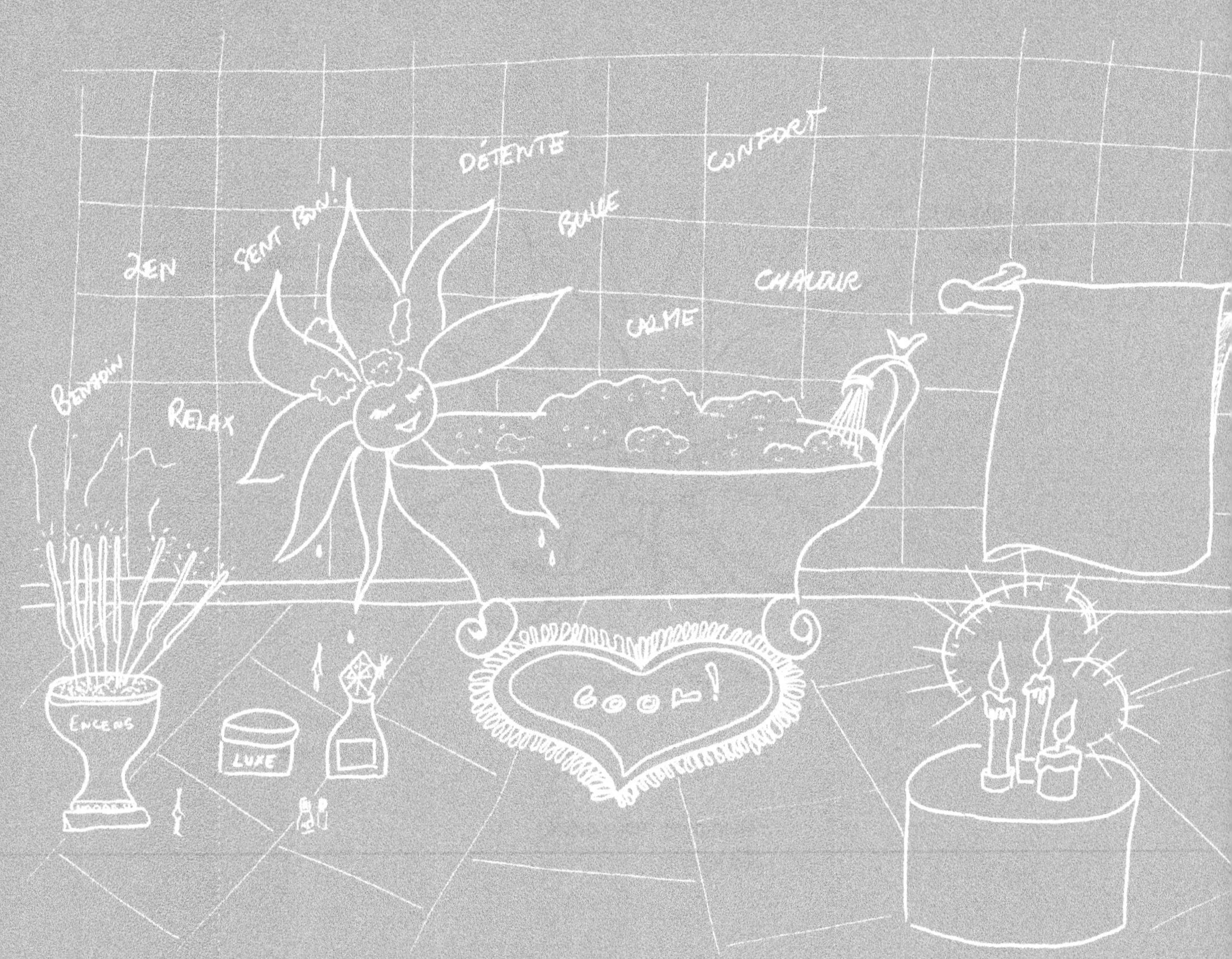
DÉTENTE
CONFORT
SENT BON!
BULLE
ZEN
CHALEUR
CALME
BENJOIN
RELAX
ENCENS
LUXE
2012

BIEN DANS MA TÊTE, BIEN DANS MA PEAU

#03

> *« Tout bonheur est un chef-d'œuvre : la moindre erreur le fausse, la moindre hésitation l'altère, la moindre lourdeur le dépare, la moindre sottise l'abêtit. »*
>
> Marguerite Yourcenar

Votre humeur et votre rayonnement intérieur attirent les autres. Lorsqu'on est heureux, en forme, drôle, prêt à blaguer et à faire rire, les gens vous remarquent et ont envie d'être avec vous. Ils sont magnétiquement attirés.
À l'inverse, lorsque vous êtes morose, grincheux, fâché avec le monde entier, vous vous attirez l'inimitié de votre entourage. En quelque sorte, vous attirez ce que vous détestez.
Votre humeur et vos attitudes sont les premiers indices que l'autre voit chez vous, et ces indices sont retranscrits dans votre maison.

ÉTAPE 1 : JE FAIS MES EXERCICES

Je commence par remplir le questionnaire en cochant les cases qui me correspondent le plus.

BIEN DANS MA TÊTE, BIEN DANS MA PEAU : QUESTIONNAIRE

Bien dans ma tête, bien dans ma peau	Oui ☯	Bof 😐	Non ✸
Je suis en pleine forme.			
Je m'aime comme je suis.			
Je rayonne de joie.			
Je suis bien dans mes baskets.			
Je me trouve beau (belle).			
J'ai toujours de quoi m'habiller.			
Mes placards sont en ordre.			
Mes produits de beauté sont super.			

Bien dans ma tête, bien dans ma peau	Oui ☯	Bof 😐	Non ✹
J'attire tous les regards.			
J'adore m'apprêter pour sortir.			
Ma vie est équilibrée.			
Je suis souvent invité(e).			
Je mets de l'ambiance là où je vais.			
Je ris souvent.			
Je suis souriant(e).			
Je fais des blagues et j'ai de l'humour.			
Je suis plein(e) d'énergie.			
Un esprit sain dans un corps sain me correspond.			
Je rends les gens heureux.			
Tout va bien, telle est ma devise.			
Total			

Additionnez maintenant le total des symboles obtenus pour chaque réponse que vous avez cochée et retrouvez ci-dessous votre profil.

Vous avez un maximum de ☯ :

Allez directement au chapitre 1 pour consolider vos acquis. N'hésitez pas à donner un coup de main à vos amis qui cochent les autres cases !

Vous avez un maximum de 😐 :

Lisez attentivement tous les conseils Feng Shui dispensés dans les chapitres 3 à 7 pour être encore davantage à l'écoute de vos véritables centres d'intérêts et optimiser votre intérieur.

Vous avez un maximum de ✹ :

Ce livre est pour vous, respectez les étapes. La bonne nouvelle, c'est que vous avez dans les mains l'outil qui va vous changer la vie !

Je remplis maintenant mon graphe de satisfaction en notant de 0 à 10 l'énergie et la joie que j'ai pu puiser dans ma maison, sans occulter les périodes de troubles et de tristesse.

Je commence par l'année (ou le mois) zéro, date où tout allait bien. Cela peut être votre date d'emménagement, comme celle d'un événement qui a modifié de façon significative votre perception et vos émotions dans le rapport à votre maison. Ensuite, je relie tous les points afin d'obtenir une courbe.

BIEN DANS MA TÊTE, BIEN DANS MA PEAU : GRAPHE DE SATISFACTION

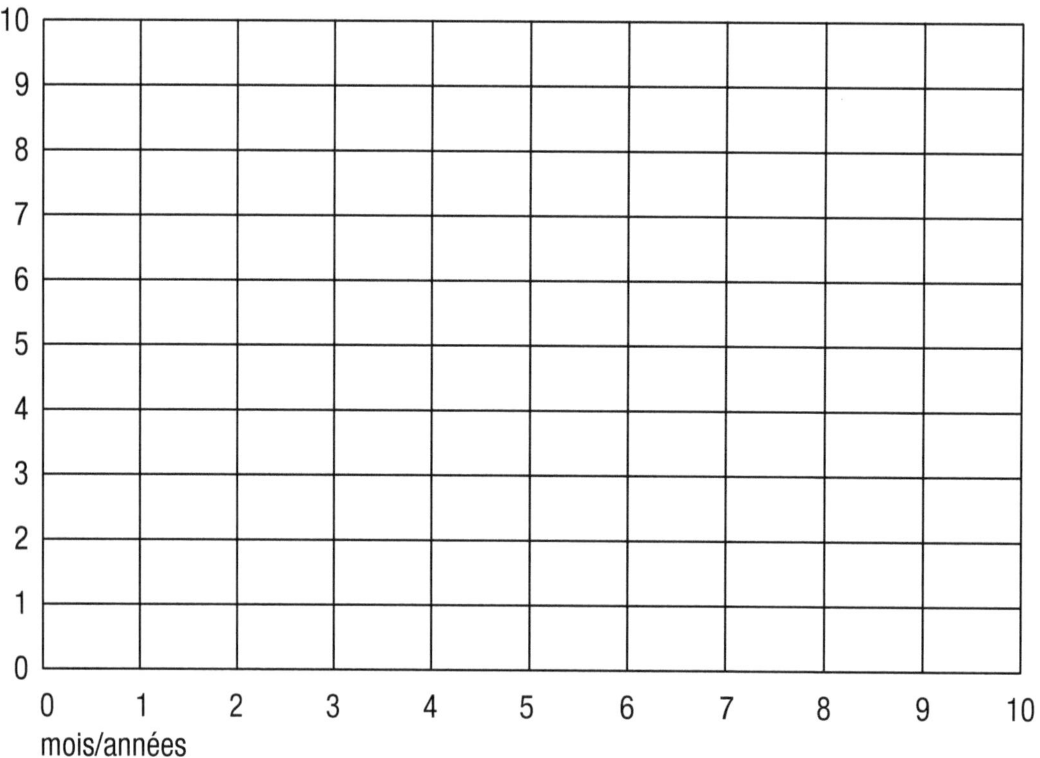

J'établis enfin mon diagnostic en observant ma courbe. À quoi ressemble-t-elle ?

Intéressez-vous aux changements de direction et posez-vous les questions suivantes :

À quoi correspondent les changements de cap ?
À quel moment étiez-vous heureux ?
Quel(s) événement(s) est (sont) lié(s) au(x) changement(s) ?

Pour vous aider à répondre à ces questions, interrogez-vous sur votre environnement, proche ou plus lointain, et sur vos préoccupations quotidiennes, actuelles ou antérieures.
Prenez le temps de noter par écrit le résultat de vos réflexions.

C'est à vous !

....

....

....

....

....

....

ÉTAPE 2 :
JE M'INSPIRE D'UN TÉMOIGNAGE

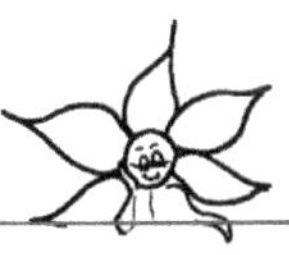

JOSÉPHINE

Joséphine a du mal à s'accepter physiquement. Elle a peu de missions dans son travail et ne se sent pas reconnue à sa juste valeur. Elle a l'impression de porter toutes les responsabilités du monde sur ses épaules. Elle n'a pas encore rencontré l'homme de sa vie et connaît des histoires compliquées. Elle a des amis, certes, mais n'a pas le temps de les recevoir.

Elle a subi une intervention chirurgicale pénible, qu'elle a du mal à assumer et à oublier. D'un naturel plutôt optimiste et discret, elle cache ses soucis à son entourage… Elle s'épuise.

Elle ne sait pas vraiment comment elle en est arrivée là, mais elle veut que ça change.

Voici les réponses de Joséphine au questionnaire.

BIEN DANS MA TÊTE : QUESTIONNAIRE DE JOSÉPHINE

Bien dans ma tête, bien dans ma peau	Oui ☯	Bof 😐	Non ✹
Je suis en pleine forme.		X	
Je m'aime comme je suis.			X
Je rayonne de joie.		X	
Je suis bien dans mes baskets.			X
Je me trouve beau (belle).			X
J'ai toujours de quoi m'habiller.			X
Mes placards sont en ordre.	X		
Mes produits de beautés sont super.			X
J'adore m'apprêter pour sortir.			X
Ma vie est équilibrée.			X
Je suis souvent invité(e).		X	
Je mets de l'ambiance là où je vais.			X
Je ris souvent.	X		
Je suis souriant(e).	X		
Je fais des blagues et j'ai de l'humour.			X
Je suis plein(e) d'énergie.			X
Un esprit sain dans un corps sain me correspond.			X
J'attire tous les regards.			X
Tout va bien, telle est ma devise.			X
Total	**3**	**3**	**13**

LECTURE DU QUESTIONNAIRE

D'après les réponses, effectivement, l'image que Joséphine a d'elle-même n'est pas très positive ! Mais elle cache son jeu auprès des autres, elle donne l'impression que tout va bien.

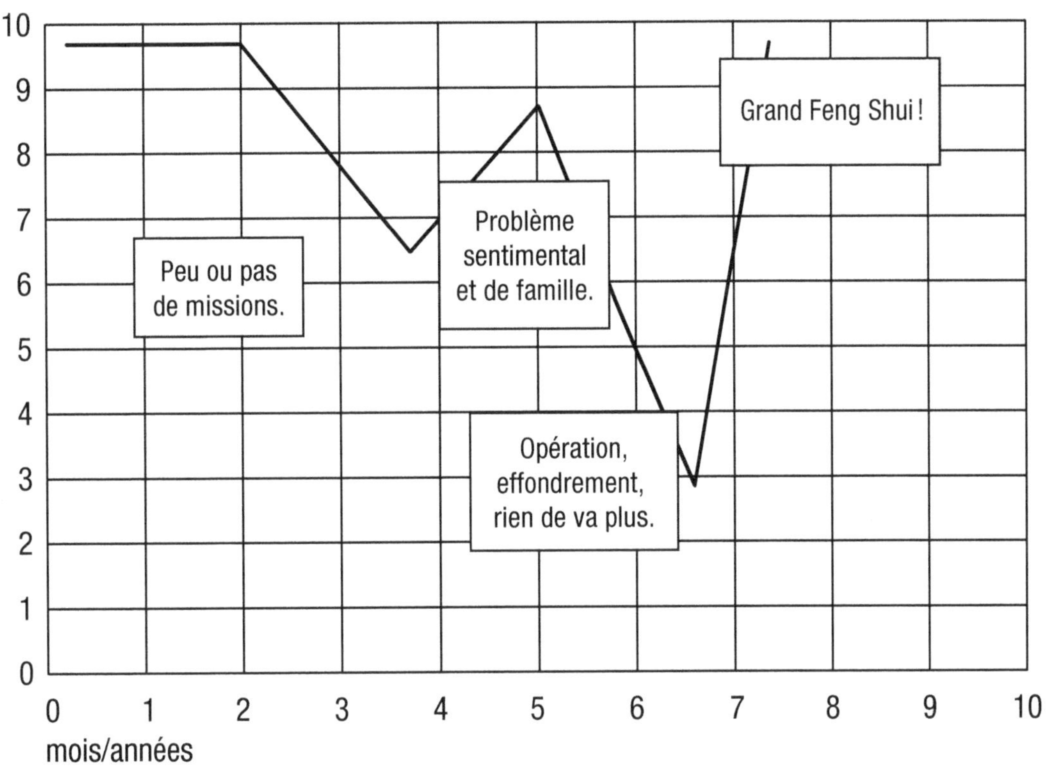

LECTURE DU GRAPHE DE SATISFACTION

Alors que tout allait plutôt bien dans sa vie, les problèmes ont commencé en 2006. On trouve un mix de problèmes relationnels personnels, affectifs, sociaux et professionnels, suivis en 2011 par une difficulté à se réapproprier son corps suite à l'opération.

DIAGNOSTIC

Il est important pour Joséphine de tout de suite s'attaquer à l'image qu'elle a d'elle-même. En effet, dès lors qu'une personne est bien dans sa peau, elle peut envisager d'améliorer et de régler ses difficultés relationnelles et professionnelles. Mais elle doit d'abord retrouver confiance en elle.

Identifions et visitons, par ordre d'importance, les lieux qui parlent d'elle : son salon avec les objets qui la représentent, sa salle de bain, son dressing et sa chambre.

Le salon

C'est dans son salon que l'expert Feng Shui a trouvé des représentations significatives. Son salon est petit, bien rangé, avec un coin bureau.

Les mobiliers sont disparates, l'unité est faite par des plaids et des coussins ethniques aux couleurs joyeuses. Les fauteuils et le canapé sont en position « salle d'attente », ils symbolisent ses relations aux autres.

Les rares tableaux au mur sont minuscules et représentent toujours des personnages par trois : deux femmes et un homme (sa représentation inconsciente de la relation aux hommes). Il y a un tableau d'une vieille femme seule, avec un balai à la main (image dévalorisante tant physiquement que moralement), des portraits d'elle en pied, en plan américain, superbes, entassés au sol, et même un portrait d'elle dans le foyer de la cheminée. C'est l'image « rabaissée » qu'elle a d'elle-même.

La solution serait entre autres d'accrocher les portraits au mur, à hauteur des yeux, de retirer les illustrations des couples à trois et de les remplacer par des couples à deux. Le tableau de la femme seule est à retirer.

La salle de bain

Comme par hasard, sa salle de bain est épouvantable : le lavabo est de guingois, l'éclairage faible, les couleurs sombres. Il manque des dalles au sol. Une quantité phénoménale de produits de beauté traîne partout.

La première chose à faire est de donner un coup d'éclat à sa salle de bain.

La salle de bain est rarement une pièce très spacieuse. On peut lui redonner un coup d'éclat en bricolant soi-même, ou en se faisant aider par des amis. Un coup de peinture, un nouvel éclairage… de jolies serviettes… et le tour est joué pour rééquilibrer les énergies de cette pièce centrale pour votre bien-être.

L'armoire à pharmacie

Elle déborde de médicaments, de produits périmés, de vieilles ordonnances, de flacons entamés…

Là aussi un tri est visiblement à faire.

Le dressing

C'est un grand placard mural fermé par des tentures rouges, situé dans sa chambre. Il est plein, du sol au plafond. Elle n'utilise probablement pas tout.

Là aussi c'est sûr, un tri est à faire pour libérer de l'espace, faire circuler l'énergie et donner un grand souffle d'air. Faire le vide, dans son armoire, c'est aussi lui permettre d'aller à l'essentiel, facilement.

La chambre

La porte de sa chambre butte contre le lit, la tête de lit est contre la fenêtre (que l'on ne peut donc ouvrir). Elle n'a pas de place pour mettre une table de chevet, ni pour poser un livre d'ailleurs. Quant à recevoir quelqu'un dans son lit, c'est difficile : la personne doit enjamber le lit, et une fois en place elle se retrouve « coincée » si elle veut le quitter. Pas très Feng Shui !

Des dizaines de chaussures sont entassées au pied de son lit. Il lui faudra trouver un autre emplacement pour celles-ci (dans le dressing ou bien dans l'entrée), en tout cas elles ne doivent pas être au pied du lit. Il faudra donc que Joséphine réorganise sa chambre selon les règles Feng Shui.

ÉTAPE 3 : JE DÉCOUVRE LES CONSEILS FENG SHUI

Vous aurez compris que certaines pièces et objets parlent davantage de vous (de votre personne et de votre intimité) que d'autres, et que, pour être mieux dans votre peau, un réaménagement et une réorganisation peuvent parfois s'imposer. Découvrons donc maintenant de nombreux conseils Feng Shui à appliquer pour les objets de décoration qui vous entourent, pour votre salle de bain, vos toilettes, votre dressing, votre sac à main et votre agenda !

LES OBJETS DE DÉCORATION

Les objets et leur disposition ont une importance prépondérante en Feng Shui. Certains ont été offerts, d'autres achetés. D'une façon ou d'une autre, chacun touche nos émotions de façon consciente et inconsciente.

Il est donc important que tous les objets aient une signification positive et joyeuse pour stimuler vos émotions de façon dynamique. Il est essentiel de les disposer en lieu sûr et de façon stable. Un objet en déséquilibre risque de tomber, de blesser ou encore de se casser. L'objet, quel qu'il soit, doit être mis en valeur, surtout s'il s'agit d'une représentation humaine.

Les tableaux et les photographies doivent être fixés au mur, dans le deuxième tiers du mur. Assurez-vous que vous vous aimez sur les photos exposées, que vous vous y voyez à votre avantage. Cela s'applique à vous mais aussi à vos amis, à vos enfants, à tous ceux qui sont en photo chez vous.

Lors d'un Feng Shui, c'est le moment de regarder d'un œil nouveau tous les objets qui vous entourent, et de faire un tri. Vous devez retirer tous les objets que vous n'aimez pas ou que vous n'aimez plus.

Si vous hésitez, que vous ne savez pas lesquels garder, que vous ne savez pas quoi en faire, ni comment vous en détacher, aidez-vous des questions suivantes :

Que me rappellent-ils ? Quand en ai-je fait l'acquisition ? Qui me les a offerts ? Dans quel contexte ? Qu'ai-je ressenti à l'époque ? Qu'est-ce que je ressens aujourd'hui ?

Quelle place prennent-ils affectivement ? Émotionnellement ?
Qu'est-ce que je gagne à les garder ? Qu'est-ce que je gagne à m'en séparer ?

Un tableau édifiant

Lors d'une expertise Feng Shui chez une personne assez déprimée (que nous nommerons Jean), j'ai vu une œuvre surprenante, fixée dans son salon au-dessus de son canapé. C'était un sac de meunier, sur lequel était imprimée l'expression « soufre Trituré » suivie du nom de famille. J'ai voulu en savoir plus et voici les explications que j'ai obtenues : « En fait, dans notre famille, nous avions un moulin et fabriquions de la farine. Lors des partages, ce moulin revint à mon cousin. Je lui avais demandé un sac de farine vide, afin de l'encadrer et de me rappeler tous les bons moments passés au moulin dans mon enfance. Malheureusement mon cousin a souhaité tous les garder et ne m'a offert que ce sac. Mon grand-père avait en effet dû arrêter la fabrication de la farine pour celle du soufre. Alors, à défaut d'autre chose, c'est celui-là que j'ai fait encadrer. Mais ce n'était pas ce que je voulais au départ. D'ailleurs ça m'a énervé longtemps. Maintenant je ne le vois plus et… de toute façon je ne vais jamais dans mon salon. »

D'un point de vue Feng Shui, si nous décryptons de façon analogique l'objet et l'état de Jean, nous pouvons établir la liste des mots qui découlent du mot « soufre Trituré » : souffrance, peine, tourment, désolation, broyé, écrasé, brisé, abattu (au figuré), maltraité (au figuré). Les odeurs que diffuse le souffre sont nauséabondes, elles évoquent les vapeurs de l'enfer, la désolation et le malheur. On peut se demander si tous ces maux dont souffre notre ami Jean sont une simple coïncidence.

La solution a été de retirer le tableau. Et comme dit si bien le dicton : « Loin des yeux, loin du cœur », le retrait d'un objet porteur d'émotions négatives efface de façon subtile les émotions négatives de la personne.

Intéressons-nous maintenant à la salle de bain, lieu d'intimité par excellence, en lien direct avec notre relation à soi.

MA SALLE DE BAIN

La salle de bain est un lieu de purification, de soins et de détente. C'est un lieu par définition intime puisqu'on s'y met nu. C'est un lieu fortement lié à la personne.
L'aspect général de la salle de bain, et tout ce qui se trouve à l'intérieur, donne une assez bonne idée de l'état dans lequel nous sommes. Le Feng Shui contemporain porte une attention particulière aux salles d'eau.
Il y a plus de 3500 ans, la question de la salle de bain ou des toilettes ne se posait pas en Feng Shui : les ablutions s'effectuaient à l'extérieur des habitations. Aujourd'hui les salles d'eau et les toilettes font partie intégrante de nos habitations et, quel que soit leur emplacement, elles ne sont pas les bienvenues.
La salle de bain comporte deux aspects, l'un positif, l'autre négatif :

- l'arrivée de l'eau, symbole de richesse qui coule à flots des robinets ;
- l'évacuation de l'eau avec ses souillures, symbole d'énergie, de richesse qui s'en va.

Heureusement il existe quelques conseils pour enrayer ce second aspect.

COULEURS ET FORMES

Si le Feng Shui préconise des couleurs et des formes en fonction des orientations des pièces et des énergies de naissance des individus (à l'aide de calculs très complexes), il est possible, en respectant certaines règles de base du Feng Shui, de parvenir à l'équilibre des énergies dans votre salle d'eau. Voici comment.
En Feng Shui, le blanc est le résultat parfait de l'équilibre du spectre des couleurs. Lorsque vous utilisez le blanc pour les murs,

vous êtes sûr de ne pas vous tromper. Il est alors en effet facile de mettre en lumière certaines autres couleurs que vous aimez.
Choisissez des draps de bain, des tapis de bain et des rideaux aux couleurs que vous aimez.
Dès que vous vous en lassez, changez ces éléments. C'est rapide et beaucoup moins coûteux que de refaire votre salle de bain !
Pour les formes, pensez que la nature ne connaît pas de ligne droite. Pour vos éléments de salle de bain, préférez toujours des formes arrondies et douces qui s'inspirent de celles de la nature. Les énergies circuleront d'autant mieux, et votre corps, dans sa nudité, ne recevra pas de flèche empoisonnée. De plus, si vous vous cognez, vous éviterez des hématomes aussi douloureux que disgracieux.
Voici quelques actions quotidiennes qui doivent devenir des réflexes :

- La salle de bain doit être d'une propreté absolue. Les sols, les lavabos, baignoires et autres bacs de douche doivent être impeccables.
- Veillez à laver régulièrement les tapis de douche et les rideaux de douche pour éviter le développement des champignons.
- La porte de votre salle de bain et celle des toilettes doivent toujours être fermées.
- Vous pouvez fixer un miroir sur la porte à l'extérieur de votre salle de bain, ou encore fixer des miroirs sur les quatre parois internes de votre salle de bain. Cette opération empêche l'énergie de partir.
- Les bondes de la baignoire, de la douche ou encore des lavabos doivent de même être en position fermée, afin d'empêcher l'évacuation de l'énergie et les éventuelles remontées d'odeurs.
- Les fuites d'eau et les évacuations bouchées sont autant de signes négatifs. Dès qu'une fuite, même légère, apparaît, prenez les dispositions pour l'enrayer. Dès qu'une évacuation n'est pas fluide, faites le nécessaire pour désencombrer les tuyaux. L'eau stagnante, par analogie, se réfère à l'eau des marais, trouble, putride et nauséabonde.

Vérifiez vos joints ainsi que l'étanchéité des robinets, lavabos, bacs de douche et baignoires.
La salle d'eau étant par définition humide, faites la chasse à l'humidité et à la buée en aérant régulièrement. Si vous avez une fenêtre, c'est idéal, si vous avez des conduits d'aération, vérifiez qu'ils sont toujours propres et en état de fonctionnement. L'humidité est en effet source de développement des moisissures, qui sont des *shar chi* en puissance.

Dans une salle d'eau, les miroirs sont indispensables pour pouvoir se regarder et se maquiller. Ils reflètent votre image, par conséquent ils doivent toujours être propres afin de vous renvoyer une image claire et nette de vous. Ils doivent être positionnés de sorte que la personne la plus grande de la maison puisse s'y voir en entier. Lorsque vous avez deux lavabos, qui insinuent une séparation, veillez à mettre un grand miroir d'un seul tenant pour les relier.

L'ARMOIRE À PHARMACIE

L'armoire à pharmacie recèle souvent mille trésors : restes d'anciens traitements, réserves pour les maux de tête à venir, pansements, crèmes en tous genres. Cette réserve peut contenir nombre de médicaments périmés et inutiles accompagnés d'anciennes ordonnances. Ils sont les restes visibles de périodes de maladie. Ce sont des énergies négatives. N'hésitez pas à faire le tri et à rapporter tout ce qui ne vous sert plus à la pharmacie. Ils seront alors recyclés comme il le faut, et pourront dans certains cas être utiles à bien plus défavorisés que vous.

Gardez l'essentiel et l'utile, et faites en sorte que ce soit facilement accessible.

LES PRODUITS POUR LE CORPS

De même que pour l'armoire à pharmacie, prenez le temps de vérifier ce qui est utile, ce qui est agréable et ce qui vous fait plaisir.

Jetez les parfums éventés, les bouteilles de shampoing vides, les crèmes périmées (pour le corps, le visage, les cheveux, antirides, coup d'éclat, de jour, de nuit, de soleil, d'hiver...). Jetez également les crèmes et les produits que vous n'appréciez plus. Bien souvent nos salles de bain et armoires débordent de produits, pas toujours utiles, parfois périmés, et quelquefois... vides !
Le tri – le vide – fait du bien et laisse circuler l'énergie, il empêche la poussière de s'installer.
Les savons doivent être propres (jetez les petits morceaux inutiles qui se coincent dans les bondes). Veillez à ce que vos savons soient source de plaisir et de senteurs réconfortantes. Faites-vous plaisir en les utilisant, c'est bien souvent l'intention qui a le plus d'effet !

LES PRODUITS DE MAQUILLAGE

Vous avez aussi probablement une ribambelle de produits de maquillage.
La signification même du mot maquillage est de cacher quelque chose, n'abusez pas des produits pour vous cacher. Le résultat n'est finalement qu'un masque, qu'un leurre. Pensez que le matin, c'est nu que votre visage sera perçu par votre conjoint !
Travaillez votre bien-être, le rayonnement intérieur sera toujours plus payant que le plus beau des masques.
Établissez une liste des produits pour sublimer votre visage, pas pour le cacher.
Faites le tri. Achetez ce qui vous fait plaisir si nécessaire, mais déblayez. Vous verrez, vous serez rapidement récompensée par l'ordre et la facilité de trouver ce dont vous avez besoin (les jolis produits qui vous embellissent et vous rendent radieuse).
La plus jolie des filles, parfaitement maquillée, mais malheureuse, sera toujours moins attirante qu'une fille au visage rayonnant, maquillée ou non !

MON PANIER DE LINGE SALE

Qu'il soit dans la salle de bain ou dans une buanderie, évitez à tout prix l'amoncellement de linge à laver ou les grands paniers qui débordent. Préférez des petits paniers, bien fermés.

Lavez votre linge régulièrement, ne vous laissez pas déborder. La vue de tonnes de linge à laver et d'interminables heures de repassage est source de fatigue !

Si cela est possible, faites-le sécher au soleil, c'est le meilleur aseptisant. Séché au grand air, votre linge – et vous ! – bénéficiera d'un *chi*, d'une énergie vive et bénéfique.

Du linge qui sèche dans une pièce fermée, humide et sentant le moisi emmagasine un mauvais *chi*, une mauvaise énergie.

MES TOILETTES

En Feng Shui, les toilettes ne sont pas, par définition, les bienvenues dans une maison, mais, à moins d'avoir une petite cabane au fond du jardin, elles sont bien pratiques !

Les toilettes sont des lieux d'évacuation. Par analogie, tout ce que vous y mettez est à abandonner, à oublier ou à fuir. N'ayez donc que le strict minimum dans vos toilettes. Pour cela, faites un tour dans vos toilettes et regardez tout ce qui s'y trouve : un tas de chaussures, des livres, des bandes dessinées, des photographies ? Sachant que ce sont des lieux d'élimination, tirez-en les bonnes conclusions et faites le tri.

Elles doivent être fonctionnelles et toujours en parfait état de marche.

Faites en sorte qu'elles soient toujours bien aérées, bien propres. Nettoyez et désinfectez tous les jours. Ce lieu doit être d'une propreté irréprochable (j'ai une tante qui disait toujours : « Les toilettes doivent être si propres qu'on doit pouvoir y manger dedans ! »).

CONSEIL

Laissez toujours la porte fermée, la lunette et le rabat toujours baissés.

Aérez en permanence. Si vous n'avez pas de fenêtre, vérifiez le bon fonctionnement des aérations, nettoyez-les.
Maintenant que tous les éléments qui concernent votre corps dans son enveloppe la plus personnelle ont été réorganisés, nous pouvons fixer notre attention sur les vêtements et accessoires qui couvrent votre corps et reflètent votre image dans le regard des autres.

MON DRESSING

Bien aménager mon dressing pour améliorer mon image, tel est le but.
Est-ce que la phrase : « Je n'ai rien à me mettre ! » vous est familière ? Combien de fois l'ai-je entendue lors de mes expertises, et pourtant, jamais il ne m'est arrivé de voir un placard de fille, d'adolescente ou de femme vide. En revanche, bien souvent, il y a des tas d'habits qu'elles ne mettent plus : trop grands (rare), trop petits (souvent), passés de mode…
Sachez qu'il est important de faire chaque année un grand ménage dans vos placards avec en tête la règle du « 80/20 » : vous gardez 80 % de vos vêtements et en donnez 20 %.
Il est vrai que, la première fois, le pourcentage risque d'être différent ! (sauf si vous faites partie des femmes qui ont toujours quelque chose à se mettre et à qui il ne manque rien !).

TRIER ET RANGER MES VÊTEMENTS

Sortez tous vos vêtements des placards et répartissez-les en trois catégories : les affaires d'hiver, les affaires d'été et celles de demi-saison.
Dans chacune de ces trois catégories, vous avez cinq types de vêtements :

les grosses pièces (manteaux, vestes, blousons et doudounes) ;
les tenues professionnelles ;
les tenues plus décontractées de l'après-boulot et du week-end ;
les tenues de soirée ;
les tenues de sport.

Mettez-les en tas, regardez-les, essayez-les, puis demandez-vous si vous utilisez vraiment tout ? Et si non, pourquoi gardez-vous tel ou tel pull, tel ou tel manteau ?
Pour vous aider à trier, rappelez-vous les circonstances qui vous ont amené à acquérir telle pièce, et surtout les émotions qui y sont liées : à quelle occasion avez-vous acquis ce vêtement ? Dans un moment de joie ou suite à un gros coup de stress ?
Notez qu'un achat impulsif fait à la suite d'un coup de blues reste généralement dans le placard, il porte en lui les traces de votre problème, alors qu'un achat fait dans la joie gardera cette trace positive.
Vérifiez que vous rentrez dans tous les vêtements, qu'ils sont à votre taille, en parfait état et encore tendance. Tous ceux qui ne répondent pas à ces caractéristiques doivent être jetés, ou donnés s'ils sont encore en bon état, vous ferez des heureux.

TRIER ET RANGER MES ACCESSOIRES

Écharpes, foulards, gants, bonnets, chapeaux, lunettes de soleil..., faites le tri de la même sorte que vous l'avez fait pour les vêtements. Il n'est en effet pas toujours utile de garder une vingtaine de foulards et autant d'écharpes si vous ne les utilisez pas. Donnez-les, vous ferez des heureux.

Lorsque vous aurez fait votre tri, vous serez stupéfait de la quantité de vêtements que vous possédez et de la quantité de ceux que vous ne mettez plus.
Le fait de ne garder que ceux qui vous siéent, les tenues dans lesquelles vous vous sentez bien, allège considérablement vos placards et... votre tête. Vous trouverez facilement vos affaires, voire vous retrouverez celles qui étaient « perdues » !
En plus, vous aurez une vision claire de votre garde-robe, et vous pourrez, légitimement, acheter ce qui vous manque.
Si vous doutez pour l'un ou l'autre des vêtements, préparez un petit sac et mettez-les dedans, si dans six mois vous n'y avez pas touché, c'est bon, vous pouvez les donner !

TRIER ET RANGER MES SOULIERS

Bien souvent, qui dit quantité de vêtements dit quantité de chaussures. Ce qui est merveilleux dans les chaussures, c'est qu'elles nous vont toujours quelle que soit notre silhouette ! Les pieds ne grossissent pas, et d'après ma chère tante : « Chaque centimètre supplémentaire de talon retire visuellement un kilo à la silhouette ! »
Comme pour les vêtements, faites un tri en les classant par catégories : hauteur de talon, puis par couleur (voir p. 84) !
Triez vos souliers d'hiver et vos souliers d'été, et gardez à portée de main uniquement ceux que vous utilisez. Inutile d'encombrer vos armoires de chaussures hors saison. Avant de les stocker, vérifiez qu'elles sont impeccables : pas de talon abîmé, bien cirées ou bien brossées si elles sont en daim.
Privilégiez les chaussures de bonne facture. Jetez ou donnez toutes les chaussures que vous ne mettez pas. Inutile de les garder si elles ne servent pas, elles prennent de la place, et dans nos logements souvent trop petits, un peu d'espace en plus ne fait pas de mal !
Pour vous aider à faire le tri, pensez toujours que vous pouvez être habillé de la plus jolie façon qui soit, si vos chaussures sont

en piteux état, tous vos efforts s'effondrent instantanément. En revanche, des chaussures magnifiques sublimeront une tenue simple ainsi que votre silhouette !

Lors de votre tri, pensez aussi à l'importance du confort : l'élégance est une attitude, pas une évidence. Vous serez toujours plus rayonnante et attirante en étant confortable et en accord avec votre tenue, qu'avec une tenue « de circonstance » pour avoir l'air comme il faut. Si vous souffrez dans vos chaussures et que vous êtes coincée dans vos vêtements, cela se ressentira !

CHOISIR MES MATIÈRES

Préférez les matières naturelles aux matières synthétiques, génératrices en milieu sec d'électricité statique. L'électricité statique est un déséquilibre de charges électriques (un manque ou un surplus d'électrons à la surface d'un matériau).

Les matières naturelles comme le coton, le lin, la soie et la laine sont douces et confortables. Elles empêchent l'accumulation d'électricité statique. En règle générale, les fibres de coton et de laine contiennent une certaine humidité, ce qui les rend peu conductrices. Les charges électriques ne peuvent donc s'y accumuler puisqu'elles se déplacent dès qu'elles apparaissent.

Les produits synthétiques ou les teintures douteuses peuvent être source d'allergies et de réactions cutanées dérangeantes. Ces tissus synthétiques, surtout par temps sec, conservent très bien les charges. Ils créent des sensations désagréables et bien souvent aident les odeurs corporelles à se développer de façon inopportune !

CHOISIR MES COULEURS

Les couleurs jouent un rôle très important en Feng Shui. À chaque couleur sont associées une énergie particulière et une signification singulière. Ainsi, sans le savoir et de façon naturelle, vous serez davantage attiré par tel ou tel ton, telle ou telle couleur en fonction de votre humeur.

Les couleurs du feu de type *yang* (énergie active) : du rouge en passant par les oranges et les jaunes.
Le rouge est une couleur ambivalente, à la fois symbole de pouvoir, d'action (associée à Mars, dieu de la guerre, couleur des nobles, des empereurs) de passion, d'ardeur et de beauté (cœur, amour, feu, force), de libération (présente sur plus de 75 % des drapeaux dans le monde) et d'oppression (feu rouge, sens interdit). C'est la couleur que les prêtres catholiques portent pendant le temps de Pentecôte, et celle des moines bouddhistes, le rouge signifie alors joie et amour. Vous l'aurez compris, c'est une couleur ambiguë, dont la signification dépend du contexte.
Dans le cadre de votre garde-robe, nous évoquons le rouge comme étant la couleur de la séduction, de l'amour, de la sensualité et de l'ardeur. Il favorise les échanges passionnés. Les jaunes et les oranges sont les couleurs de l'enthousiasme, de la communication et du renouveau.
Ces teintes sont associées à l'été et à l'été finissant.

Les couleurs de la terre de type *yin* (énergie réceptrice) : toute la gamme des bruns.
Cette gamme représente à la fois l'énergie de l'ancrage et celle de la communication. Le marron est une couleur qui annonce le confort, la stabilité et la sécurité.
Les tons de la terre sont associés à la saison de l'automne et de la fin de l'automne.

Les couleurs du métal (énergie *yang*) : le gris, l'or et l'argent.
Ces trois couleurs correspondent à une énergie de rétractation et de condensation. À mi-chemin entre le blanc et le noir, le gris est associé à la tristesse et à la solitude. C'est une teinte douce, un peu fade, triste et mélancolique, mais plutôt apaisante et calme, assez passe-partout. Les fibres métalliques et les paillettes apportent une note brillante et gaie aux vêtements.
Ce sont des couleurs associées au début de l'hiver.

Les couleurs de l'eau (énergie *yin*) : le noir et les bleus.
Le noir et les bleus correspondent à l'élément eau, associé à l'argent, la fortune, aux éléments qui se transforment, qui bougent, qui « coulent ». Les bleus favorisent le calme et la quiétude, la sérénité et l'intuition.
Ces couleurs sont associées à l'hiver.

Les couleurs des végétaux (énergie *yang*, active) : le vert.
Le vert est la couleur de la santé, de l'espoir, de la transmission, de la création et de la construction.
C'est une couleur associée à la saison du printemps, au renouveau, lorsque les éléments grandissent.

Le blanc (énergie *yang*, active)
Et puis il y a le blanc, couleur qui regroupe l'ensemble des couleurs dans des proportions parfaites. Le blanc est lié au groupe des couleurs du métal. C'est le froid, la couleur de la neige, mais c'est aussi le chaud (fer chauffé à blanc).

Lorsque chacune des couleurs est présente dans vos armoires, c'est que vous possédez un peu de chacune des énergies associées.

IMPORTANT

Rangez vos vêtements par ordre de couleur, en suivant le cycle dynamique de la loi des cinq éléments et des énergies qui y sont associées.
Rangez-les en partant d'une des couleurs, n'importe laquelle, mais en suivant un ordre immuable qui est : noir, bleu, vert, rouge, marron, gris, blanc.
Par exemple, si vous commencez par le rouge, vous aurez ensuite marron, gris, blanc, noir, bleu, vert.

Maintenant que notre armoire est allégée, aérée et bien vivifiée, attaquons-nous au dernier élément intime qui en dit long sur vous : votre sac que vous emportez avec « votre vie » à l'extérieur.

MON SAC À MAIN ET MON AGENDA

Vous serez toutes d'accord pour reconnaître que le sac à main est à lui seul tout un programme !

MON SAC À MAIN

Les hommes le savent bien, lorsque nous leur demandons de porter notre sac, ils se demandent toujours si nous y trimbalons du plomb.

Mais qu'y a-t-il vraiment dans nos sacs ?

C'est souvent impressionnant de voir tout ce que nous emmenons chaque jour avec nous, ainsi que le temps que nous perdons à chercher ce dont nous avons besoin.

Interrogeons-nous ! Combien d'éléments n'ont pas leur place dans cet objet que nous chérissons tant ?

Prenez le temps de vider votre sac sur une table et... étonnez-vous !

Commencez par identifier les indispensables : il s'agit des clefs, de l'agenda (pour celles et ceux qui ne sont pas passés à la version électronique), du portefeuille et des pièces d'identité, des titres de transport et des papiers du véhicule, éventuellement le nécessaire à beauté, de préférence dans une petite pochette adéquate (inutile d'avoir vingt-cinq rouges à lèvres dans votre sac, vous n'allez pas changer toutes les demi-heures de couleur).

Maintenant jetez un œil sur tout le reste, triez et rangez.

Le résultat peut être stupéfiant : maintenant que votre sac est fonctionnel, vous retrouverez instantanément vos affaires et vous gagnerez de précieuses minutes... plusieurs fois par jour ! De plus, changer de sac ne sera plus tout un programme !

Et pour ne pas être en reste, le même travail peut être fait dans les sacoches de ces messieurs, qui transportent parfois de vieux journaux, voire des outils (oui, oui !). Mais il faut reconnaître que c'est quand même moins encombré que chez les femmes.

CONSEIL

Lorsque vous travaillez, n'hésitez pas à avoir deux sacs : un grand dans lequel vous rangerez votre ordinateur, vos dossiers et tout ce qui est afférent à votre journée de travail, et un petit sac, assorti ou non, dans lequel vous mettrez les indispensables (téléphone, clefs, portefeuille, agenda, trousse de beauté).
Ainsi, lors des pauses déjeuner, vous partirez plus légèrement : autant de temps et de confort gagnés !

MON AGENDA

Une étude particulière peut être faite sur l'agenda : bien souvent, il possède plus de pages volantes que de pages d'agenda.
Ici aussi, interrogeons-nous. Quel fatras est inséré à l'intérieur ? Pourquoi gardons-nous tout ce bazar ?
Pensez toujours que chaque papier contient une information, donc une énergie. Chaque papier est en attente d'être traité (un courrier à répondre, une facture à régler ou à envoyer...). Tant que l'information n'est pas traitée, elle représente une énergie en attente, une énergie morte qui vous fatigue.
Faites l'essai, triez, répondez, puis jetez un maximum de papiers : vous vous sentirez immédiatement soulagé.
Pensez-y régulièrement, faites les choses l'une après l'autre, vous pouvez toujours vous fixer un cadre de vingt à trente minutes par jour. Inutile de vous fixer une journée entière de travail, voire une semaine, vous serez épuisé avant d'avoir même commencé.

D'expérience, vous constaterez que certains jours le travail de tri et de rangement se fait à toute vitesse.

ÉTAPE 4 : JE VÉRIFIE MES CONNAISSANCES

Vous allez maintenant observer attentivement le dessin ci-dessous. Sans vous attarder sur le style des mobiliers, vous allez repérer au moins sept erreurs à éviter. Ainsi vous aurez la certitude de pouvoir à votre tour et en toute sérénité faire les bons choix Feng Shui pour votre salle de bain et votre bien-être (voir solutions p. 181 à 186).

Le jeu des 7 erreurs

LA SALLE DE BAIN

solutions p. 181

Vous avez maintenant tous les éléments en main pour vous sentir bien dans votre peau, donner une meilleure image de vous et être plus efficace. Puisque vos lieux et espaces d'intimité corporelle et d'habillage sont en ordre, allons maintenant visiter la chambre, lieu de repos et d'intimité par excellence, une pièce qui livre aussi de nombreux indices sur notre bien-être.

FICHE RÉCAPITULATIVE

Étape 1

Je fais mes exercices et j'établis le diagnostic :

Je remplis le questionnaire.
Je dessine mon graphe de satisfaction.
Je porte mon attention sur les éléments qui m'ont perturbé.
Je prends conscience des actions à entreprendre et des lieux à oxygéner.

Étape 2

Je m'inspire du témoignage :

Je cherche les coïncidences avec mes préoccupations.
Je définis mon objectif.
Je repère les lieux que je dois aller analyser et réaménager.

Étape 3

Je découvre les conseils Feng Shui :

Pour stimuler mon image, je porte mon attention sur les représentations que j'ai de moi.
Pour mon bien-être physique, je me dirige vers la salle de bain.
Pour améliorer l'image que je donne, je me rends dans mon dressing.
Pour me dynamiser, j'étudie les couleurs et les matières de mes vêtements.
Pour m'alléger et mieux m'organiser, je range mon sac à main et mon agenda.

Étape 4

Je teste mes connaissances :

Je coche les sept erreurs sur le dessin.

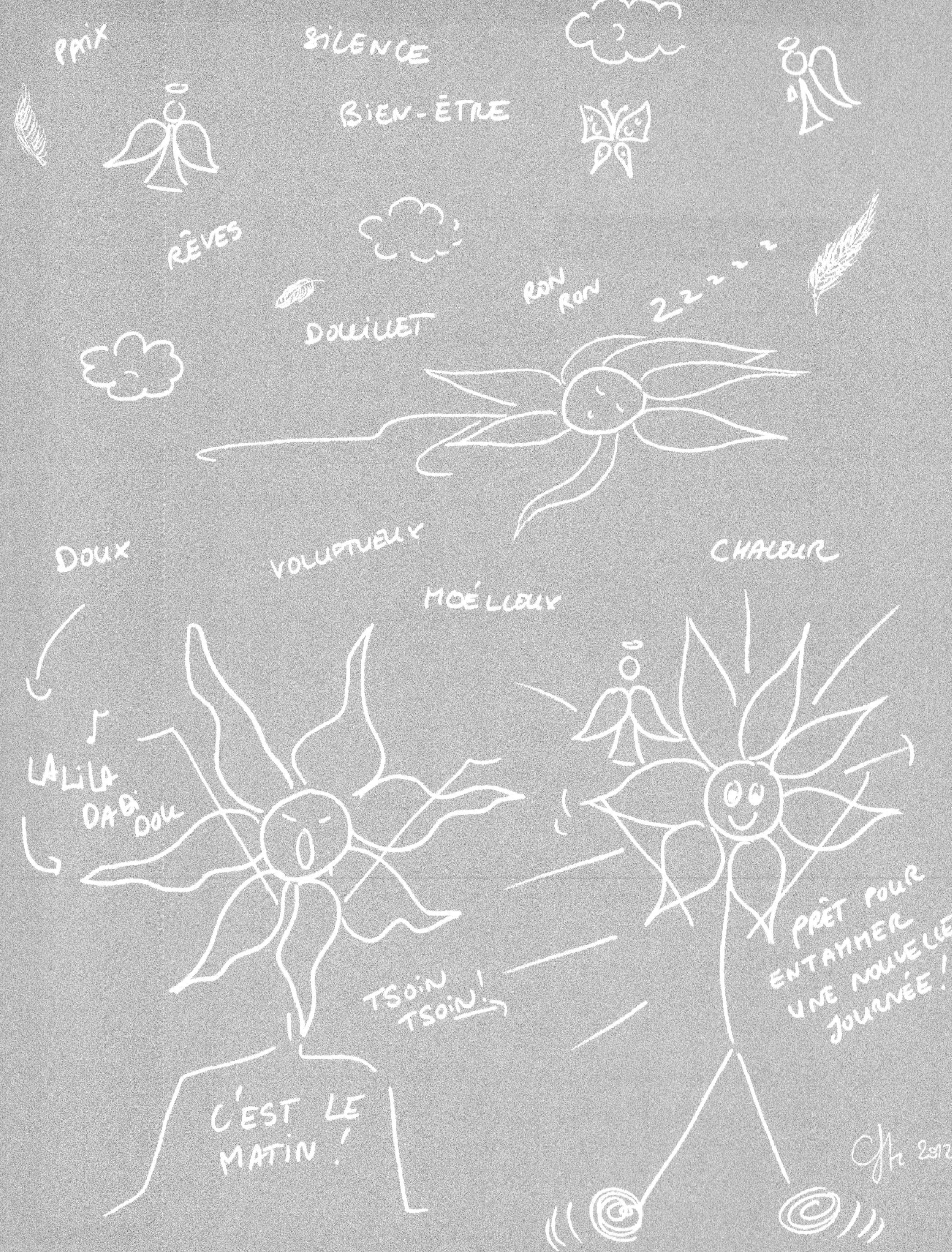
PAIX
SILENCE
BIEN-ÊTRE
RÊVES
DOUILLET
RON RON
ZZZZZ
DOUX
VOLUPTUEUX
CHALEUR
MOËLLEUX
LALILA DADI DOU
TSOIN TSOIN!
C'EST LE MATIN!
PRÊT POUR ENTAMMER UNE NOUVELLE JOURNÉE!
2012

BIEN DORMIR

#04

« Le sommeil est la moitié de la santé. »

Proverbe français

Une personne sur trois en France souffre de troubles du sommeil, dont un tiers d'insomnies.
Le manque de sommeil est lourd de conséquences, il favorise l'obésité et le diabète, mais aussi les affections cardiovasculaires ou psychiques telles que l'anxiété ou la dépression. Les accidents de voiture dus à la somnolence sont la première cause d'accidents, avant l'alcool et la vitesse. Bien dormir est donc essentiel à notre santé et à notre vitalité.
Faisons donc un point sur la qualité de votre sommeil.

ÉTAPE 1 : JE FAIS MES EXERCICES

Je commence par répondre au questionnaire en cochant les réponses qui me conviennent le mieux afin d'évaluer mon sommeil.

BIEN DORMIR : QUESTIONNAIRE

Bien dormir	Oui ☯	Bof 😐	Non ✹
J'aime aller dormir.			
J'ai suffisamment d'heures de sommeil.			
Je dors super bien.			
La qualité de mon sommeil est au top.			
Je suis calme avant de me coucher.			
Je ne fais pas de cauchemars.			
Je fais de beaux rêves.			
Je rêve de voler comme un oiseau.			

Bien dormir	Oui ☯	Bof 😐	Non ✸
Mes nuits sont paisibles.			
Je me repose et me recharge d'énergie la nuit.			
Je me réveille facilement le matin.			
Je suis performant(e) dès mon réveil.			
Je me lève plein(e) d'énergie.			
Je quitte facilement mon lit le matin.			
Le matin, je suis plein(e) d'entrain.			
La température de ma chambre est entre 18 °C et 20 °C.			
Je respecte les premiers signes de fatigue en allant me coucher.			
Je suis paisible lorsque j'entame ma nuit.			
Total			

Additionnez maintenant le total des symboles obtenus pour chaque réponse que vous avez cochée, et retrouvez ci-dessous votre profil.

Vous avez un maximum de ☯ :

Allez directement au chapitre 1 pour consolider vos acquis. N'hésitez pas à donner un coup de main à vos amis qui cochent les autres cases !

Vous avez un maximum de 😐 :

Passez directement à l'étape 3 de ce chapitre et lisez attentivement les conseils pour améliorer la qualité de votre sommeil.

Vous avez un maximum de ✸ :

Vous avez de la chance, ce livre est fait pour vous, suivez les étapes et vous verrez… vous allez bientôt dormir !

Je remplis maintenant mon graphe de satisfaction en notant de 0 à 10 la façon dont je dors. Je commence par l'année (ou le mois) zéro, date de mon emménagement. Puis je relie tous les points afin d'obtenir une courbe.

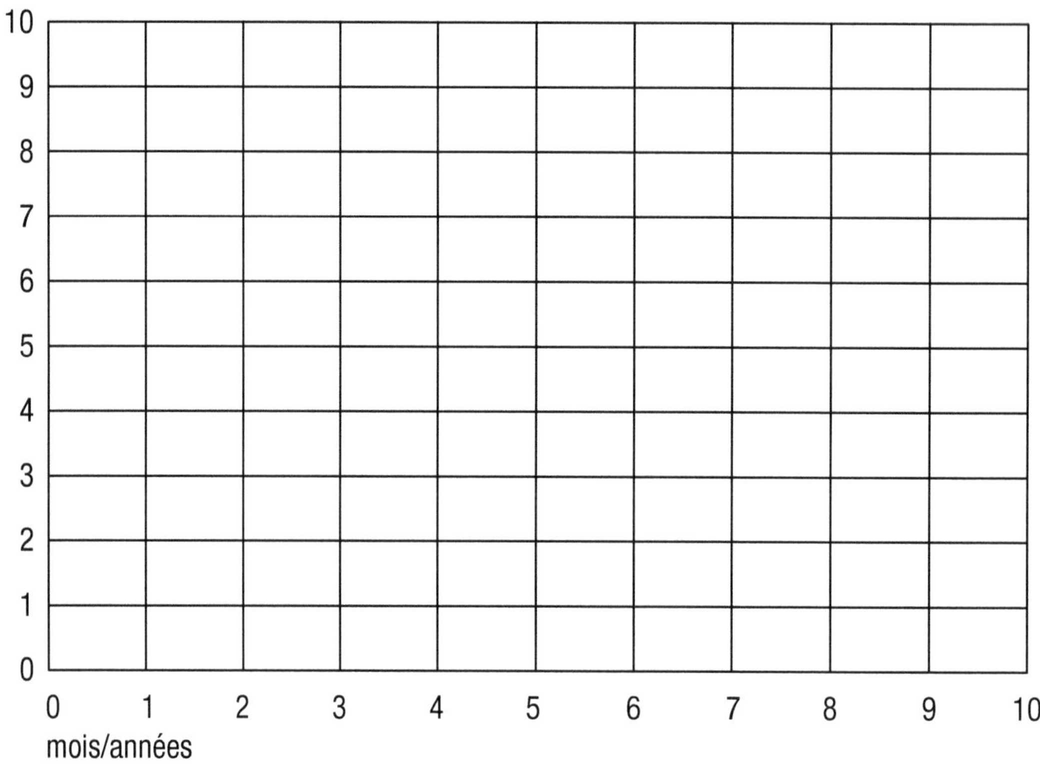

DIAGNOSTIC

À l'aide des réponses obtenues au questionnaire et à la forme de votre graphe, intéressez-vous aux changements de directions et recherchez les événements liés à la perturbation de votre sommeil (recherchez la date ou la période à partir de laquelle votre sommeil s'est détérioré).

Aidez-vous des indications suivantes.

Il s'agit peut-être de la pièce elle-même, de sa configuration, du choix et de la disposition des mobiliers.

Il peut y avoir eu des perturbations dans votre famille, dans votre couple, avec vos amis, ou encore une détérioration dans votre environnement professionnel. Déterminez ce qui vous a affecté, comment, pourquoi et avec quelle intensité.

Identifiez les éléments visibles et invisibles qui retranscrivent vos soucis dans votre chambre.

Prenez le temps de noter ce qui convient dans la chambre et ce qui ne convient pas : identifiez les éléments qui ne sont pas en lien direct avec votre besoin de repos et de sommeil. Établissez une liste en résonance avec votre problème d'endormissement et de fatigue.

Regardez votre chambre d'un œil neuf, comme si vous la découvriez pour la première fois (comme une chambre réservée dans un hôtel). La chambre en dit long sur notre façon d'envisager le repos et la santé morale et physique.

L'environnement de la chambre a une influence importante sur la qualité de votre sommeil, mais il n'est pas le seul. L'aménagement Feng Shui d'une chambre vient en complément de règles d'hygiène de vie simples comme dîner léger avant de se coucher, respecter les premiers signes de sommeil, ou encore faire le vide dans votre tête avant d'aller au lit.

Mal dormir entraîne un manque de sommeil, l'épuisement dans la journée, une dépréciation des performances, des soucis, la peur de se coucher, une agitation, des difficultés à s'endormir, un sommeil agité qui se conclut par... un mauvais sommeil, la boucle est bouclée. L'aménagement Feng Shui d'une chambre peut rétablir le processus de bon sommeil et tous les bienfaits qu'il procure.

Prenez le temps de la réflexion et notez par écrit le résultat de vos interrogations.

C'est à vous !

....

....

....

....

....

....

ÉTAPE 2 :
JE M'INSPIRE D'UN TÉMOIGNAGE

FLORE

Flore est une jeune quadra qui, depuis son déménagement, n'arrive plus à s'endormir. Elle tente tout : les somnifères, les tisanes, l'homéopathie, mais rien n'y fait. Tout va bien dans sa vie, sauf son sommeil. Elle mène une vie hyperactive et est au bout du rouleau. Elle adore dormir et fait régulièrement des cures de sommeil chez ses parents à 800 km de son lieu de vie… pas toujours évident de se déplacer si loin pour se reposer !

Voici le résultat de son questionnaire.

BIEN DORMIR : QUESTIONNAIRE DE FLORE

Bien dormir	Oui ☯	Bof 😐	Non ✹
J'aime aller dormir.	XXX		
J'ai suffisamment d'heures de sommeil.			X
Je dors super bien dans ma chambre.			X
La qualité de mon sommeil est au top.			X
Je ne fais pas de cauchemars.		X	
Je fais de beaux rêves.			X
Je rêve de voler comme un oiseau.			X
Ma chambre est ma source de repos.			X
Mon lit est merveilleux.		X	
Je me réveille facilement le matin.			X
Je dors mal partout.			
Je me lève pleine d'énergie.			X
Je quitte facilement mon lit le matin.			X

Bien dormir	Oui ☯	Bof 😐	Non ✹
Le matin, je suis pleine d'entrain.			x
La température de ma chambre est entre 18 °C et 20 °C.			x
Je respecte les premiers signes de fatigue en allant me coucher.			x
Je suis paisible lorsque j'entame ma nuit.			x
Total	1	2	13

LECTURE DU QUESTIONNAIRE

Flore aime dormir. Quand elle dort, son sommeil est de bonne qualité mais il n'est pas suffisant. Elle s'endort très difficilement chez elle, et quasiment instantanément chez ses parents.

BIEN DORMIR : GRAPHE DE SATISFACTION DE FLORE

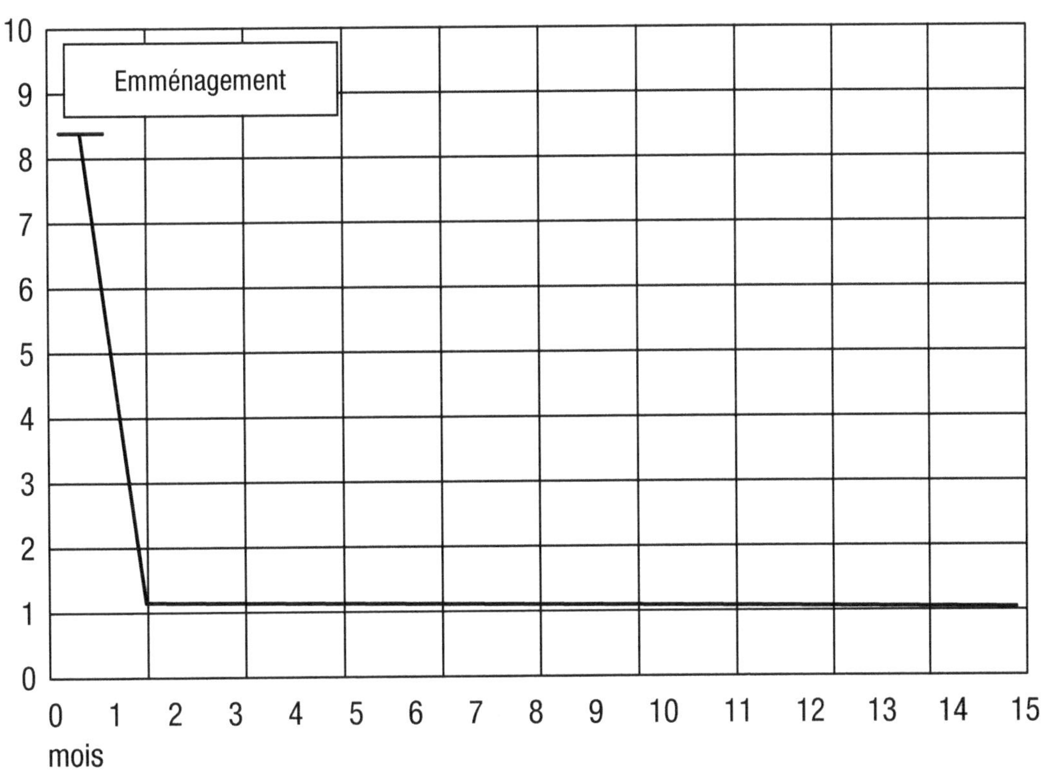

Son graphe de satisfaction est simple à lire, il est à zéro à partir du moment où elle a emménagé dans son nouvel appartement. Elle n'arrive pas à s'endormir avant les premières lueurs de l'aube...

DIAGNOSTIC

Sa chambre est une annexe de son bureau, très design, très *yang* : les mobiliers sont rouge vif, de formes géométriques, aux angles vifs, le lustre, rouge, comporte un certain nombre d'éléments cassés et d'ampoules mortes, le sommier et le matelas sont posés à même le sol, les dossiers parfaitement en ordre envahissent toutes les étagères. Par ailleurs, Flore aime la chaleur, la température de sa chambre avoisine les 25 °C.

Si Flore aime dormir, ce n'est pas sa préoccupation première. C'est une femme active, qui consacre énormément d'énergie à son travail, quelques heures de sommeil lui ont toujours suffi. Malheureusement, après une longue année de difficulté à s'endormir, quelques heures de sommeil ne suffisent plus à la ressourcer. Il est temps que ça change.

Il est évident que tous ces éléments empêchent la « déconnection » et donc le repos.

Flore devra retirer de sa chambre tous les éléments et mobiliers qui se rapportent à ses activités professionnelles et changer la couleur rouge vif par des tonalités plus propices au repos. Il va lui falloir adoucir l'environnement de sa chambre afin qu'il soit en relation avec sa fonction : dormir. Elle devra aussi penser à éteindre son radiateur avant de s'endormir, quitte à rajouter couettes et couvertures en nombre suffisant pour être bien au chaud.

FLORE APRÈS APPLICATION DES RÈGLES FENG SHUI DANS SA CHAMBRE

« Je n'en pouvais plus, impossible de dormir chez moi, sans compter les voisins qui étaient bruyants, je fuyais ma chambre et dormais dans mon canapé quand je ne m'endormais pas sur le fauteuil dans le salon !

J'étais accro à mes somnifères et complètement vaseuse durant les heures qui suivaient mon réveil. J'allais régulièrement faire des cures de sommeil chez mes parents où je m'effondrais et faisais le plein de repos.

Au moment où j'ai envisagé de déménager, j'ai découvert le Feng Shui et là ma vie a changé !

Grâce à l'aménagement de ma chambre selon les principes du Feng Shui, je m'endors maintenant en trois minutes, et j'ai enfin retrouvé au quotidien toute l'énergie nécessaire à mon activité professionnelle ! »

ÉTAPE 3 : JE DÉCOUVRE LES CONSEILS FENG SHUI POUR MIEUX DORMIR

Il existe quatre leviers essentiels en Feng Shui pour optimiser l'environnement de votre chambre : l'adéquation entre la pièce et sa fonction, l'organisation de l'espace (emplacement du lit et des mobiliers), la qualité du lit et de sa parure et les couleurs, matières et éclairage.

UNE PIÈCE, UNE FONCTION

Cette pièce, tout particulièrement, doit être en adéquation avec sa fonction, qui est de se recharger d'énergie.
La chambre a cette fonction essentielle qui est de se ressourcer et de se charger d'énergie. Pour cela, elle ne doit être ni une annexe de votre bureau, ni une annexe de la chambre de vos enfants, et encore moins un lieu de divertissement (type télévision, ordinateur...).
Listons tout ce qui ne doit pas être présent dans une chambre, tous les éléments perturbateurs de sommeil :

- Les bureaux, ordinateurs et autres dossiers en cours, ils sont là pour vous rappeler tout le travail en retard ou le travail à venir.
- Les étagères ouvertes qui sont autant de vecteurs de flèches empoisonnées. Toute ligne droite envoie une énergie agressive qu'on appelle flèche empoisonnée, la flèche empoisonnée rejoint les énergies *shar chi*.
- Les piles de livres sur les tables de chevet, gardez-en deux ou trois, ceux que vous êtes en train de lire.
- Les téléviseurs, lecteurs de DVD, ils sont là pour distraire, ils ne sont pas propices au sommeil.
- Les téléphones, ils sont un lien d'activité avec l'extérieur. Lorsque vous allez dans votre chambre, c'est pour vous reposer, pour vivre votre vie à deux. Cela ne se partage pas.
- Les miroirs, en particulier ceux dans lesquels le lit se réfléchit : ils sont générateurs d'énergie *yang*, active. De plus, la démultiplication du lit amène, par analogie, à démultiplier votre couple, c'est-à-dire, à aller voir ailleurs !
- Et bien sûr le bazar, la saleté, sous le lit, dessus, à côté...

En ce qui concerne les éléments dits « climatiques », veillez à ce que la chambre soit aérée tous les jours, au moins dix à vingt minutes, même par grand froid, les rideaux et les volets grands ouverts afin de laisser l'énergie du soleil entrer dans votre chambre. Assurez-vous que la température est propice à un bon

sommeil, idéalement entre 18 °C et 20 °C, rajoutez couettes et couvertures si vous craignez le froid.
Mesurez le taux d'humidité de votre pièce, car bien souvent, dans nos appartements surchauffés, l'air est sec. N'hésitez pas à investir dans un humidificateur d'air. Vous pouvez aussi installer une coupelle d'eau, en vous assurant toutefois de la changer chaque jour, le matin au réveil.
Un petit détail qui a aussi son importance : faites votre lit le matin après l'avoir aéré, de façon à avoir le plaisir de le retrouver le soir.

Maintenant que vous avez retiré de votre chambre tous les éléments susceptibles de perturber votre sommeil, que l'air y est sain, vous avez peut-être déjà plus d'espace pour optimiser son aménagement.

UN AMÉNAGEMENT OPTIMAL DES MEUBLES

La disposition des meubles et la libre circulation de l'énergie *yin* dans votre chambre jouent un rôle majeur pour votre sommeil.
L'emplacement du lit est primordial, il doit être positionné en contrôle de porte, c'est-à-dire que la tête de lit doit être le plus loin possible de la porte, de façon à pouvoir voir qui entre lorsque vous êtes allongé. Il ne doit jamais faire face à une porte. Par analogie, il n'y a que les morts qui partent les pieds devant.
Il ne doit pas se situer dans un passage entre la porte et la fenêtre non plus, sans quoi le lit serait en permanence traversé par un courant d'énergie *yang*. La porte de la chambre ne doit pas non plus buter sur le lit.
Dotez votre lit d'une solide tête de lit qui symbolise la protection. La tête de lit, elle, doit être calée sur un mur, symbole de soutien. En aucun cas, il ne faut adosser le lit à une fenêtre, vous n'auriez aucun soutien.

Le pied du lit doit être totalement dégagé. Un canapé, une banquette ou tout autre obstacle en bout de lit vous bloquerait dans vos actions.

De part et d'autre du lit, veillez à avoir une table de chevet, ronde de préférence pour éviter les angles pointus, avec un éclairage posé dessus pour pouvoir lire.

Il peut y avoir dans la chambre un placard, une commode, mais pas d'étagères ouvertes qui sont génératrices de flèches empoisonnées, les *shar chi*. En effet, les angles vifs sont agressifs au sens propre comme au sens figuré.

Retirez tous les miroirs de la chambre : en plus d'être des générateurs d'énergie *yang* (vive), ils ont tendance à éloigner les conjoints l'un de l'autre, surtout si le lit se réfléchit dedans. Vous pouvez les recouvrir le soir si vous ne pouvez pas les déplacer.

La porte d'entrée de la chambre doit s'ouvrir et se fermer facilement, sans aucun obstacle. Il ne doit rien y avoir sous le lit, pour laisser l'énergie circuler librement. Bien évidemment, la chambre est d'une propreté absolue.

Quelle que soit la structure de votre chambre, il y a des dispositions à éviter absolument. Les têtes de lit ne doivent pas être accolées à une cloison de séparation derrière laquelle se trouverait une cuisine, des toilettes, une salle de bain ou une cheminée. Tous ces éléments sont soit générateurs d'une énergie vive et active, soit au contraire générateurs d'une énergie totalement absorbante. Dans les deux cas, ils créent un déséquilibre énergétique qui ne vous aide pas à vous ressourcer.

Expérimentez ces conseils, vous verrez, ils sont source de stabilité, de sécurité et favorisent un environnement apaisant et propice au sommeil.

Lorsque vous avez retiré tout ce qui ne concerne pas le sommeil de votre chambre et que les mobiliers sont à leur place, si vous avez encore quelques difficultés à bien dormir, vous pouvez étudier de près la structure et la facture de votre lit.

UN LIT ET UNE PARURE MAGNIFIQUES

De façon générale, évitez d'investir dans des lits en métal, les structures en bois sont préférables à toutes les autres matières.

Évitez également les lits à barreaux (qui rappellent les barreaux des prisons) ou les lits de forme ronde, le rond est associé à une énergie métal, une énergie *yang*.

Ne posez pas le lit à même le sol, l'énergie doit pouvoir circuler en dessous. Ne le posez pas non plus en hauteur, les lits en mezzanine sont difficiles d'accès.

Les sommiers instables ou à ressorts métalliques sont à proscrire : ils empêchent la stabilité et le bon repos du corps. Privilégiez des sommiers à lattes qui permettent l'aération en dessous et au-dessus du matelas.

Votre matelas doit être confortable, le matelas à eau n'est pas conseillé, il symbolise l'instabilité, l'eau n'a pas sa place dans une chambre.

La dimension du lit a aussi son importance : trop petit, il empêche le corps de se relâcher ; trop grand, il sépare symboliquement un couple. Un bon lit est un lit stable, pourvu de pieds solides, de taille adaptée à celui ou ceux qui y dorment.

Évitez les vieux oreillers défoncés, abîmés ou tachés. Ayez un ou deux oreillers par personne, nul besoin d'en avoir une dizaine qui encombrent le lit.

Évitez aussi les couvertures trouées, les couettes et les parures de lit hors d'usage. Tous ces éléments sont source d'énergie négative et empêchent, chacun subtilement, un sommeil réparateur.

Faites-vous plaisir, offrez-vous des parures de lit luxueuses, douces et confortables. Il est bon de se glisser dans des draps doux et soyeux, pour un contact réjouissant et un sentiment de bien-être et de confort absolu. Toutes les matières naturelles sont meilleures que les matières synthétiques.

Si vous avez de la place, notez qu'un lit à baldaquin est excellent : il symbolise un bouclier protecteur.

LES COULEURS, LES MATIÈRES ET L'ÉCLAIRAGE

Les couleurs et les matières sont des énergies qui informent nos sens, parfois sans que nous y prenions garde. Ainsi les couleurs et les matières de type *yin* favorisent l'apaisement et la relaxation.

Le blanc et les couleurs douces et pastel sont favorables à un environnement calme et apaisé.

Les matières naturelles se doivent d'être épaisses et confortables. Vous pouvez, par exemple, disposer une descente de lit épaisse et moelleuse pour accueillir en douceur vos pieds le matin.

De même, l'éclairage devra être doux pour créer une ambiance propice au repos.

Au moment du lever par exemple, la lumière d'un simulateur d'aube dans la chambre agit sur l'organisme en indiquant au cerveau que le jour se lève et qu'il est donc temps de passer à une phase active. La température du corps augmente progressivement, la sécrétion de mélatonine (hormone du sommeil) cesse, et l'activité électrique du cerveau s'intensifie afin de passer en phase de sommeil léger puis en réveil complet.

À l'inverse, la diminution progressive de la lumière le soir dans la chambre permet d'aborder calmement la phase d'endormissement.

CONSEIL

Évitez le noir : le noir est associé à l'élément eau qui n'a pas sa place dans une chambre. Cet élément indique une perte ou un manque.

BIEN DORMIR

ÉTAPE 4 : JE VÉRIFIE MES CONNAISSANCES

Vous allez maintenant observer attentivement les dessins ci-dessous. Portez votre attention sur l'emplacement du lit par rapport aux fenêtres et porte d'entrée sur les 10 dispositions, trouvez les 3 bonnes ! (voir solutions p. 182).

L'EMPLACEMENT DU LIT

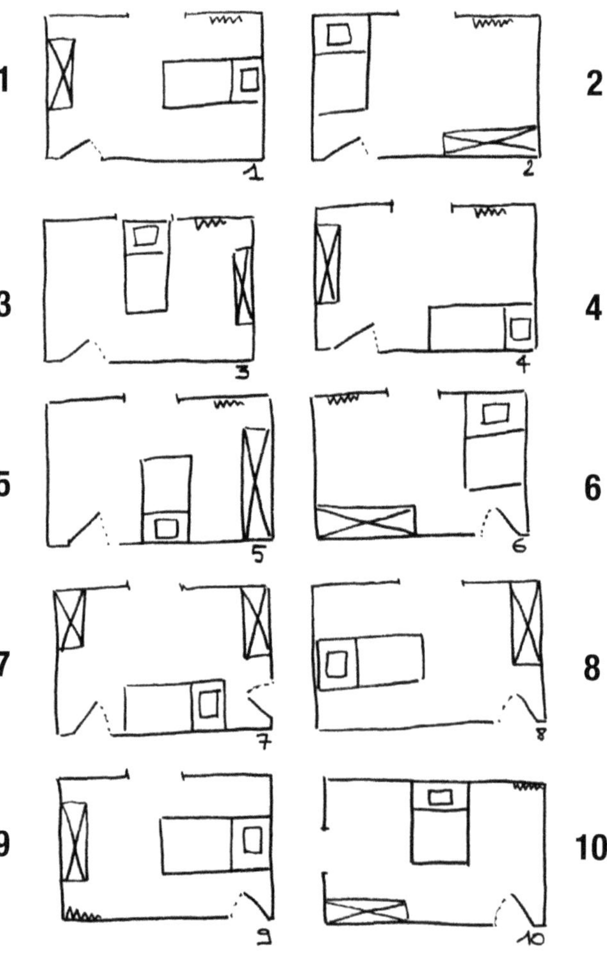

FICHE RÉCAPITULATIVE

Étape 1

Je fais mes exercices et j'établis le diagnostic :

Je remplis le questionnaire.
Je dessine mon graphe de satisfaction.
Je porte mon attention sur les éléments qui m'ont perturbé.
Je prends conscience des actions à entreprendre.

Étape 2

Je m'inspire du témoignage :

Je cherche les analogies avec mon problème de sommeil.
Je définis mon objectif.
Je note tous les éléments potentiellement perturbateurs.

Étape 3

Je découvre les conseils :

Je retire tous les éléments de la chambre qui n'ont pas trait au sommeil.
Je réorganise l'espace afin d'être en position optimale pour dormir.
J'examine la facture de mon lit et sa parure.
Je suis attentif aux couleurs, aux matières et à l'éclairage de ma chambre.

Étape 4

Je teste mes connaissances :

Je coche les sept erreurs sur le dessin.

LOVE LOVE
FLAP
FLAP
TCHIPP
TCHIPP!
AAH RELAX!!
2012

BIEN DANS MON COUPLE

#05

« Le couple heureux qui se reconnaît dans l'amour défie l'univers et le temps ; il se suffit, il réalise l'absolu. »

Simone de Beauvoir

Vous connaissez la signification des initiales MMS ? Aux premiers jours, MMS signifie « matin, midi et soir ». Au bout d'un an, MMS devient « mardi, mercredi et samedi ». Les années passant, MMS veut dire « mars, mai et septembre ». Et au bout de quelques décennies, MMS désigne « mes meilleurs souvenirs » !

Au début d'une relation, tout est beau, tout est rose. Lorsqu'on est amoureux, on passe tout à son conjoint, on l'aime tel qu'il est. Puis le temps passe, l'habitude et la routine s'installent, et petit à petit la relation s'étiole, pour parfois se détériorer de façon alarmante. Les mots et les gestes dépassent l'agacement que l'on a l'un pour l'autre, les signes de mésentente s'installent progressivement dans la maison. C'est le moment d'appliquer, ensemble, les conseils Feng Shui pour progressivement et subtilement améliorer la situation.

ÉTAPE 1 : JE FAIS MES EXERCICES

Commencez par remplir le questionnaire en cochant les cases qui vous correspondent le mieux.

Vous pouvez remplir le questionnaire seul, chacun de votre côté, puis, à nouveau, ensemble.

BIEN DANS MON COUPLE : QUESTIONNAIRE

Bien dans mon couple	Oui ☯	Bof 😐	Non ✹
Nous nous aimons comme au premier jour.			
Je suis heureux(se) d'aller au lit tous les soirs.			
Je suis épanoui(e) dans ma vie de couple.			
Je suis heureux(se) de retrouver mon conjoint au lit.			
Ma vie sentimentale est parfaite.			
Je déteste dormir seul(e).			
Rien qu'à l'idée d'aller le (la) retrouver, je suis transporté(e).			
Je déteste l'idée d'être célibataire.			
Nous sommes heureux de nous retrouver dans la chambre.			
Je sais que je retrouverai paix et énergie dans mon lit avec mon conjoint.			
Nous avons des projets communs.			
Nous avons des centres d'intérêt communs.			
Nous aménageons ensemble l'appartement.			
Nous aimons les mêmes objets de décoration.			
Nous aimons notre maison.			
Nous passons du temps ensemble.			
Nous sommes souvent d'accord.			
Nous aimons nous retrouver tous les deux dans notre salon.			
Les années qui passent ont renforcé notre amour.			
Total			

Additionnez maintenant le total des symboles obtenus pour chaque réponse que vous avez cochée et retrouvez ci-dessous votre profil.

Vous avez un maximum de ☯ :

Allez directement au chapitre 1 pour consolider vos acquis. N'hésitez pas à donner un coup de main à vos amis qui cochent les autres cases !

Vous avez un maximum de ☺ :
Lisez attentivement les conseils Feng Shui de l'étape 3 pour améliorer encore vos relations.
Vous avez un maximum de ✹ :
Si c'est le non ou le pas du tout qui l'emporte, la bonne nouvelle, c'est que vous avez dans les mains l'outil qui va vous changer la vie ! Vous verrez, vous allez rapidement améliorer vos relations !
Remplissez maintenant votre graphe de satisfaction.
Vous notez de 0 à 10 l'énergie et la joie que vous avez pu puiser dans votre couple, sans occulter les périodes de troubles et de tristesse. Vous commencez par l'année (ou le mois) 0, date de votre emménagement, et vous reliez tous les points afin d'obtenir une courbe. Chacun peut le faire, seul, de son côté. Puis vous pouvez le faire ensemble.

BIEN DANS MON COUPLE : GRAPHE DE SATISFACTION

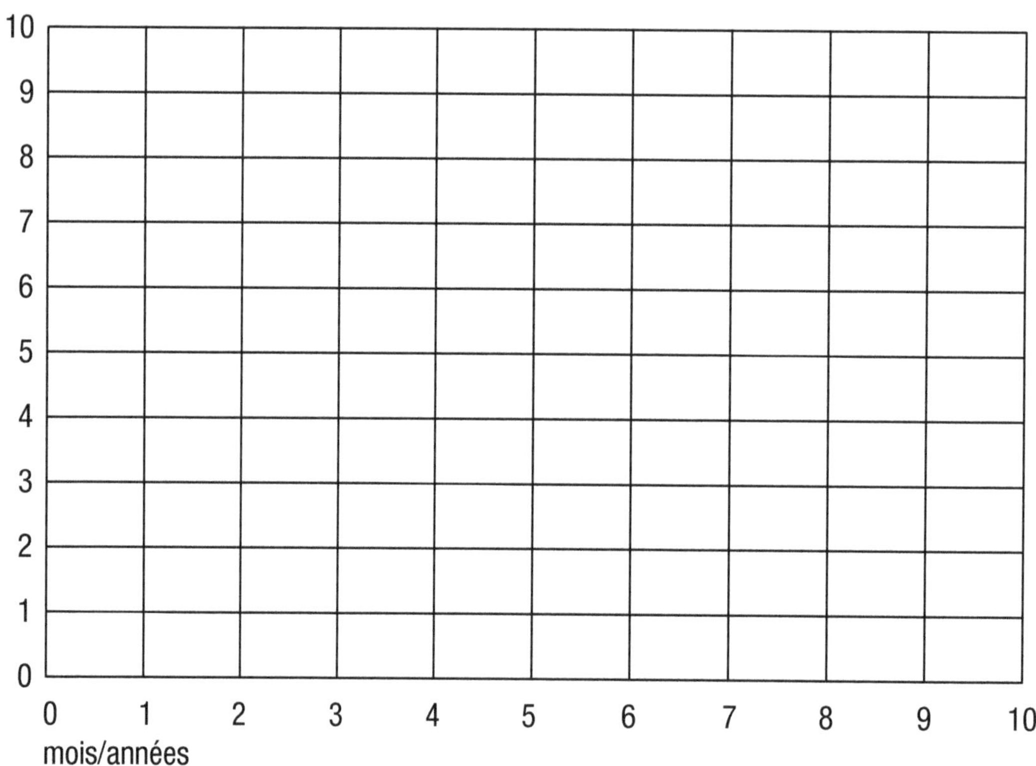

Si vous obtenez des courbes différentes, c'est le moment de les confronter et d'en parler, tranquillement. Nous voyons chacun les événements à notre manière, et parfois nous occultons complètement que l'autre a un point de vue différent et ressent différemment les événements.

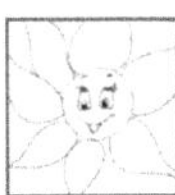

IMPORTANT

Nous avons tous une perception différente de la réalité.

Si tout est au plus bas, il est nécessaire d'appliquer les conseils Feng Shui rapidement, et de préférence avec votre conjoint ! Deux énergies valent plus qu'une !

DIAGNOSTIC

Vous avez réalisé vos deux exercices. Vous avez maintenant assez d'éléments pour poser un diagnostic et identifier les sujets que vous souhaitez modifier.
Basez-vous sur le questionnaire et sur la courbe. À quoi ressemble votre courbe ? Les changements de cap sont les points forts, notez ce qui s'est passé et ce que vous avez modifié dans votre maison.
Aidez-vous des questions suivantes :

- Quand est-ce que vos relations ont commencé à se détériorer ?
- Dans quel contexte ? Quel événement personnel ou externe a joué un rôle significatif ?
- Qu'est-ce qui vous a affecté ? Pourquoi, comment, avec quelle intensité ?
- Quels effets collatéraux ont découlé de la nouvelle préoccupation ?

Pour pouvoir répondre à ces questions, faites le tour de votre environnement familial et professionnel, et de vos sujets de préoccupation au quotidien :

Famille, belle-famille.
Amis, relations.
Sport, loisirs, vacances.
Enfants, école, leurs amis, leurs loisirs.
Bureau, collègues, trajets, finances.
Santé, état général de votre maison.

Notez les circonstances qui ont perturbé votre relation de couple. Et prenez le temps de noter par écrit le résultat de vos réflexions.

C'est à vous !

....

....

....

....

....

....

ÉTAPE 2 : JE M'INSPIRE D'UN TÉMOIGNAGE

Cherchez les sujets qui entrent en résonance avec vous dans le témoignage, et découvrez chez vous les lieux et les éléments à modifier et à réaménager.

JUSTINE ET ALEXANDRE

Justine et Alexandre sont mariés depuis près de vingt ans. Ils se sont beaucoup aimés, ont réalisé leur rêve : deux belles situations professionnelles, de beaux enfants, un bel appartement. Ils ont un travail qu'ils aiment *a priori*, des enfants qui grandissent bien en théorie, une maison spacieuse et joliment aménagée à première vue.

Depuis quelques années, leurs relations se détériorent, ils n'ont plus de projet commun. Alexandre s'est mis à détester l'appartement, alors que Justine le trouve formidable. Il ne s'investit plus dans l'ameublement ou la décoration ; elle, bien au contraire. Mais elle ne lui demande plus son avis, de toute façon, il critique tout et n'aime rien. Il n'aime plus recevoir ses amis dans un appartement qui ne lui correspond pas, elle n'ose plus trop recevoir, par crainte de l'énerver. Les enfants sont souvent difficiles, parfois agressifs dans leur façon de se comporter.

Elle aime voyager, lui non, ce qui n'a pas posé de problème au début de leur mariage. Mais cela commence à peser à Justine qui voudrait partager son plaisir de la découverte.

Il n'aime que se retirer à la campagne, son côté casanier oppresse Justine. Elle aimerait qu'il partage son bien-être à la maison, qu'il accepte de recevoir chez eux, qu'ils voyagent ensemble.

Justine et Alexandre n'ont visiblement pas de problème majeur, mais ils en ont assez de cette situation. Dans le fond, ils s'aiment encore, mais, dans la forme, ce n'est plus ça. La souffrance et le ras-le-bol s'installent chez eux, déteignant peu à peu sur leurs enfants.

Voici leurs réponses au questionnaire.

BIEN DANS MON COUPLE : QUESTIONNAIRE DE JUSTINE ET ALEXANDRE

Bien dans mon couple	Oui ☯	Bof 😐	Non ✹
Nous nous aimons comme au premier jour.		x	
Nous sommes heureux de nous retrouver tous les deux.		x	
Je suis épanoui(e) dans ma vie de couple.			x
Je suis heureux(se) de retrouver mon conjoint au lit.			x
Ma vie sentimentale est parfaite.			x
Je déteste dormir seul(e).			x
Rien qu'à l'idée d'aller le (la) retrouver, je suis transporté(e).			x
Je déteste l'idée d'être célibataire.			x
Je sais que je retrouverai paix et énergie dans mon lit avec mon conjoint.		x	
Nous avons des projets communs.			x
Nous avons des centres d'intérêt communs.		x	
Nous aménageons ensemble l'appartement.		x	
Nous aimons les mêmes objets de décoration.	x		x
Nous aimons notre maison.	x		x
Nous passons du temps ensemble.	x	x	
Nous sommes souvent d'accord.	x		
Nous aimons nous retrouver tous les deux dans notre salon.		x	
Les années qui passent ont renforcé notre amour.	x		
Nous donnons l'image d'un couple parfait.	x		
Total	**6**	**7**	**9**

LECTURE DU QUESTIONNAIRE

Il est vrai que, d'un point de vue intellectuel, ils sont heureux d'être ensemble, ils aiment finalement pas mal de choses en commun, ils ne peuvent vivre l'un sans l'autre, donc extérieurement, c'est un couple harmonieux.

Dans la réalité, un malaise existe entre les deux, leurs chemins prennent chacun une voie différente. L'appartement, son aménagement et la façon dont les différentes pièces sont investies, reflète, pour un œil expert, leurs problèmes. L'appartement, la maison, le lieu de vie est à l'image de ceux qui y habitent. Lorsqu'on est en couple, il est important de le choisir ensemble et de le décorer ensemble. Naturellement il y a des concessions à faire, et c'est normal, chacun doit pouvoir y apporter ses objets personnels. Le tout est de bien les placer de sorte qu'ils ne gênent pas l'autre.

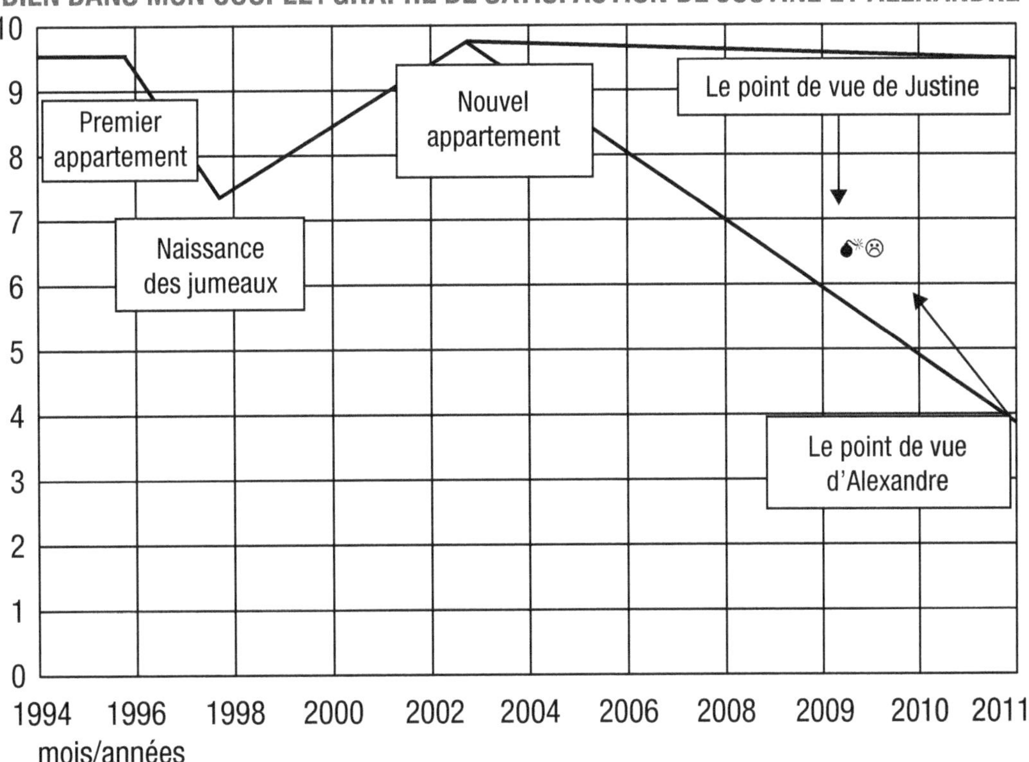

LECTURE DU GRAPHE DE SATISFACTION

Voyons ce qui s'est passé au long de ces années : leur premier appartement leur convenait, puis l'arrivée des jumeaux a nécessité un espace plus important. Ils ont déménagé dans un grand appartement, dans le quartier d'enfance de Justine et ils sont tous les deux heureux. Mais rapidement Alexandre ne s'y plaît pas, il ne se fait pas à cet appartement et commence à le critiquer. Aujourd'hui il ne le supporte plus et n'imagine même pas que ses amis puissent venir dans un lieu tellement horrible. Justine, elle, adore son appartement et aimerait qu'il partage son point de vue. Elle continue à investir dans sa décoration, lui ne veut même pas en entendre parler. Chacun souffre, ils ont du mal à en parler calmement, leurs relations se délitent, les enfants sont difficiles, voire agressifs.

DIAGNOSTIC

Chez Justine et Alexandre, la chambre est légèrement bancale, il manque une table de chevet, certains objets de bureautique sont installés dans un coin, il y a plusieurs sculptures de femme seule. Il n'y a pas de tête de lit, une lampe design ondulée est fixée sur le mur arrière du lit, une porte de communication s'ouvre à l'arrière du lit.
Le salon est très zen, vaste et vide, il y a peu de sièges : deux canapés dont l'un au ras du sol et l'autre à l'autre bout du salon faisant dos à l'entrée de cette pièce, un seul fauteuil complète ces assises. Il n'y a pas de table basse, aucune intimité n'est possible, la télévision trône en plein milieu, attirant l'attention générale et interdisant la discussion. Quant à la grande bibliothèque, qui recouvre un pan entier du mur, elle comporte de nombreux ouvrages anciens à la reliure dorée, une demi-douzaine de sculptures de femmes seules, et quelques photos de leur mariage et de leurs enfants… qui datent toutes d'il y a une quinzaine d'années (le temps de l'amour et du bonheur).

Plusieurs éléments décrivent la communication difficile : les canapés sont très éloignés les uns des autres, ils ne sont pas « à portée de voix », ils sont de plus mal positionnés car ils ne permettent ni l'un ni l'autre de voir qui pénètre dans le salon, sans avoir à se contorsionner. Ils sont en position d'insécurité. Il faut être souple pour sortir du canapé lounge qui est au ras du sol. Le fauteuil seul indique une attente, un manque.

Et puis il y a quatre tableaux, tous choisis par Justine, un investissement autant affectif que financier. Alexandre ne les apprécie pas, non seulement ces tableaux lui déplaisent mais en plus ils l'irritent.

Tous ces éléments physiques, qui consciemment et inconsciemment agacent et énervent, sont générateurs d'énergies négatives au sein du couple.

La bonne nouvelle, c'est qu'il y a des solutions Feng Shui à tout cela et nous allons de ce pas les découvrir.

ÉTAPE 3 : JE DÉCOUVRE LES CONSEILS FENG SHUI

Ce qui est formidable dans le Feng Shui, c'est qu'il n'y a pas de notion de bien ou de mal, mais des outils qui permettent de décrypter une situation présente. Le but du Feng Shui est d'effacer les éléments néfastes pour les remplacer par des principes harmonieux et revigorants.

L'application de ces principes est toujours simple et facile à réaliser, les effets viennent subtilement inverser le cours des choses pour apporter des bonnes ondes.

La concordance entre deux individus est essentielle pour construire harmonieusement son environnement physique, moral et émotionnel, pour être heureux et... redevenir amoureux.

Pour être bien dans son couple, il y a deux lieux à étudier en particulier en Feng Shui, qui sont la chambre et le salon. Et puis il y a aussi tous les objets de décoration, les tableaux, les sculptures et les photographies, ainsi que l'existence d'un projet commun.

LA CHAMBRE, LIEU D'INTIMITÉ FORMIDABLE

La chambre est le lieu privilégié de l'intimité d'un couple, l'espace dans lequel le couple aime se retrouver, seul, avec joie.
L'harmonie du couple est le ciment de la cellule familiale, la pierre centrale.
Pour la favoriser, la première chose à faire est d'aménager la chambre selon les règles du Feng Shui (voir chapitre 4 « Bien dormir », p. 101). La seconde est de renforcer les éléments favorables à l'union, ceux qui symbolisent le couple.
Le lit doit être doté d'un seul sommier. Deux sommiers séparent symboliquement le couple. Toutefois, si vous en avez deux et que vous ne pouvez acheter un sommier d'un seul tenant (pour des raisons financières ou pour des raisons de taille, sommier qui ne passe pas par les ouvertures de la chambre), je vous suggère de tendre un tissu rouge sur les deux sommiers, le rouge coupant symboliquement la séparation et rétablissant l'unité.
De même, votre matelas sera d'un seul tenant. La tête de lit doit être unique et solidement fixée, la parure de lit doit être adaptée à la taille du lit et les étoffes douces et luxueuses doivent inciter à la volupté.
Des couples sur le point de se séparer, si tant est qu'ils dorment encore dans la même chambre, ont souvent de très grands lits, deux têtes de lit et deux couettes. Ils sont déjà métaphoriquement séparés…
Mettez quelques éléments rouges ou roses dans votre chambre, par touches. Le rouge et le rose, dans ce contexte, rappellent l'amour, la séduction et la force. Cela peut être les taies d'oreiller, par exemple.

En ce qui concerne les objets de décoration dans votre chambre, favorisez ceux qui représentent l'amour et la complicité. Disposez des objets par paires, des éléments de forme carrée de préférence (le carré est lié à l'élément terre, signe d'ancrage et de communication).
Ayez des photos de vous deux récentes, vous rappelant de bons souvenirs, des moments intimes, des moments où ensemble vous avez vécu des émotions heureuses.
Les bougies sont autant de signes de douceur, de calme, elles donnent un éclairage avantageux, une ambiance douce et chaleureuse, et en plus elles diffusent des ions négatifs qui sont bons pour la santé ! À consommer donc sans modération !
Une base pour écouter ensemble des musiques qui vous plaisent est aussi agréable dans une chambre.
Maintenant que vous avez activé ces éléments propices à l'union dans votre chambre, vous pouvez vous rendre dans le salon pour l'aménager de façon à avoir plaisir à vous y retrouver tous les deux.

LE SALON, LIEU DE RETROUVAILLES ET DE COMPLICITÉ

Consolidez les signes d'harmonie dans votre salon.
Le salon est un espace multifonctionnel qui permet d'alterner trois types de relations : individuelles, familiales et collectives.
Le salon est en effet la pièce la plus importante de votre maison, dans le sens où elle est la pièce « publique », celle que vous occupez, mais aussi celle que vous présentez à ceux que vous recevez chez vous. C'est tout à la fois un lieu d'accueil, de retrouvailles, de discussion et de repos. Il est la représentation visible de votre intérieur.
C'est sur l'aspect individuel et familial que va se porter notre regard dans ce chapitre.

LA DISPOSITION DES ÉLÉMENTS

Le salon est généralement la première pièce que l'on voit lorsqu'on pénètre chez quelqu'un.

Un salon est souvent une combinaison de canapés, fauteuils, bibliothèque ou vitrine, table basse et console. Nous avons tous une position ou une direction préférée. Selon nos caractères, nos habitudes, nous préférons des fauteuils rigides, à dossier haut ou bas, des poufs au ras du sol, ou au contraire des chaises plus strictes, des canapés souples ou à structure droite. Peu importe, ce qui compte c'est que chacun ait une place de prédilection, son coin dans lequel il se sente bien.

Pour pouvoir discuter ensemble et se retrouver, il faut que vos deux assises soient proches l'une de l'autre mais évitez toujours les positions en face-à-face qui induisent une situation conflictuelle. Si vous avez deux canapés, ne les mettez donc pas face à face.

Ayez une ou plusieurs tables basses de façon à pouvoir confortablement poser vos livres et revues, vos boissons ou apéritifs.

Vous disposerez vos assises de sorte que l'énergie puisse circuler librement, de préférence en angle ou bien en rond autour d'une ou de plusieurs petites tables basses. Ayez suffisamment de places assises pour tous les membres de votre famille.

Si le salon présente un pilier, des poutres ou tout autre angle saillant, masquez-les par de grandes plantes au feuillage arrondi.

Déplacez les miroirs qui font face à la porte d'entrée du salon.

Accrochez un portrait de famille dans le salon (tableau ou photo) pour insister de façon symbolique sur l'importance de la famille.

LES COULEURS, LES MATIÈRES ET L'ÉCLAIRAGE

Y a-t-il, en Feng Shui, des couleurs et des matières de prédilection pour le salon ? La réponse est non. Chacun a une préférence pour telle ou telle gamme de couleurs en fonction de son énergie de naissance (cette énergie est liée avec l'un des cinq éléments et donc avec une certaine gamme de couleurs).

Ce qui est important, c'est que vous vous sentiez bien avec la gamme qui vous entoure. Autant que faire se peut, il est bon que l'ensemble des cinq éléments soit représenté, c'est-à-dire que vous ayez une palette complète de formes et de couleurs. Certaines seront dominantes, d'autres en touches. Le principe est qu'on puisse ressentir un certain équilibre dans la pièce.

Pour les matières, c'est la même chose. Le salon étant une pièce de repos, de retrouvailles et d'accueil, les matières seront essentiellement de type *yin*, c'est-à-dire d'énergie réceptive : comme des coussins, des tapis moelleux, des rideaux, avec, en contrepartie, un équilibre d'énergie de type *yang* (dynamique), comme des tables basses, des consoles et des chaises.

Comme dans toutes les pièces, l'éclairage est important dans le salon : un bon équilibre est à trouver. Disposez des éclairages directionnels puissants près des assises pour pouvoir lire aisément un livre ou feuilleter une revue. Disposez des petits spots pour mettre en valeur les objets que vous aimez, ainsi qu'un éclairage d'ambiance doux qui incite à la convivialité, aux confidences et à la communication.

Les bougies, pour ceux qui aiment, apportent aussi leur lot de douceur, de senteurs apaisantes, elles créent l'intimité et mettent en valeur les visages.

LES OBJETS DE DÉCORATION

De façon naturelle, inconsciente et instinctive, nous possédons des objets qui nous ressemblent et nous rassemblent, mais parfois qui créent des divergences, voire des conflits.

Il existe en Feng Shui un certain nombre d'objets et de représentations ayant une influence favorable à l'amour. Ce sont les couples de canards mandarins, sculptés en pierre ou en bois, ou représentés sur un tableau, les couples d'oies qui favorisent les relations heureuses, les pies, les tortues, les images de papillons voletant, les pivoines et les représentations de pivoines. Et puis il y a certaines gemmes, appelées aussi pierres semi-précieuses, comme le jaspe rouge, la cornaline rouge et le corail rouge.

Vous n'êtes pas obligé de tous les présenter, ni de choisir uniquement dans ce répertoire d'origine chinoise. En Occident, nous avons aussi un certain nombre de représentations de l'amour comme quelques peintures de Fragonard ou certaines sculptures de Rodin. Mais que chacun choisisse les objets qui représentent, pour lui, l'amour, la complicité et la bonne entente.
Si vous aimez les sculptures qui représentent les humains, veillez à ce qu'elles soient présentées de façon équilibrée, c'est-à-dire autant de représentations féminines que de représentations masculines. Tant qu'à faire, ayez des sculptures ou des tableaux représentant des couples aimants.
Vous pouvez aussi disposer des photos de couples stables et amoureux, qui vous inspirent.

UN PROJET COMMUN QUI VOUS PORTE VERS L'AVENIR

Une fois que vous aurez disposé votre salon selon les règles du Feng Shui, vous aurez un lieu de prédilection où vous retrouver, échanger, vous divertir et vous reposer. Et maintenant que le cadre est propice aux retrouvailles, vous allez rechercher un projet commun.
Lors des premiers mois et des premières années de vie commune (mariage, pacs ou concubinage), l'amour vous porte, les projets sont multiples et semblent infinis. Pourtant, au fil des années, les projets peuvent s'étioler : les parcours professionnels sont bien engrangés, les enfants sont arrivés, ils ont grandi, une certaine routine peut s'installer. Et pourtant les projets à deux ne manquent pas, quels que soient l'âge et la situation de chacun.
Le salon est la pièce idéale pour échanger en couple, parler, communiquer, raconter ses envies, ses projets, les confronter, les associer et trouver un projet commun. Exprimez vos rêves, vos envies, rappelez-vous ceux des années passées, ceux qui ont abouti, ceux qui ont été laissés sur le bord de la route, ceux que

vous aimeriez réactiver. Découvrez les envies de l'autre, laissez-le s'exprimer, écoutez-le et trouvez ce qui vous plairait à tous les deux.
Lorsque vous avez trouvé une piste, mettez au point le projet qui vous satisfera tous les deux : visualisez-le et matérialisez-le au travers de photos, de montages, de maquettes, de films, d'écriture. Gardez-le à portée de main, vous y ajouterez des éléments au fur et à mesure.
Si son projet est différent du vôtre, réfléchissez ensemble à la façon de concilier vos points de vue, le résultat peut être très créatif et enthousiasmant (chacun ayant son point de vue, ses émotions et sa façon de retranscrire ses rêves).
Ce projet commun sera votre but, il matérialisera vos intentions communes et sera source d'énergie constructive, équilibrante et conciliante.

IMPORTANT

C'est parce qu'on s'aime que l'on fait des choses ensemble, et c'est parce que l'on fait des choses ensemble qu'on s'aime.

ÉTAPE 4 : JE TESTE MES CONNAISSANCES

Vous allez maintenant observer attentivement le dessin ci-dessous. Sans vous attarder sur le style des mobiliers, portez votre attention sur la disposition et sur la forme des éléments, et repérez au moins sept erreurs à éviter. Ainsi vous aurez la certitude de pouvoir à votre tour, et en toute sérénité, faire les bons choix Feng Shui pour aménager ou réaménager votre chambre (voir solutions p. 183).

La chambre

solutions, p. 183

FICHE RÉCAPITULATIVE

Étape 1

Nous faisons nos exercices et nous établissons le diagnostic :

Nous remplissons le questionnaire.
Nous dessinons notre graphe de satisfaction.
Nous portons notre attention sur les éléments qui nous ont perturbés.
Nous notons les informations relatives aux changements.

Étape 2

Nous nous inspirons d'un témoignage :

Nous cherchons les points communs avec nos difficultés.
Nous définissons notre objectif.
Nous repérons les lieux à réaménager.
Nous étudions tous les objets de décoration et de représentation du couple.

Étape 3

Nous découvrons les conseils Feng Shui :

Pour l'intimité du couple, nous renforçons l'harmonie de la chambre.
Pour l'échange et la discussion, nous réaménageons le salon.
Pour consolider notre couple, nous choisissons des représentations adéquates.
Pour l'équilibre des énergies, nous compensons les énergies émettrices et réceptives.
Pour renforcer notre entente et la faire grandir, nous entreprenons un projet commun que nous matérialisons.

Étape 4

Je teste mes connaissances :

Je recherche sur le dessin les sept éléments générateurs d'énergie négative.

KIFF !
SPORT !
WAC
Des enfants bien dans leur peau
TAP
HOP
HA HA TROP COOL !
E=MC2
$\sqrt{7,98}$
J'aime
FACILE !
TTR
MATHS
FACILE
APPRENDRE
JOIE !
AMOUR
HI HI.
COMPLICITE
FUN !
SÉCURITÉ
BIZ
BIZ BIZ
RIRE
JOUER
CONFIANCE
GRANDIR

DES ENFANTS BIEN DANS LEUR PEAU

#06

« L'enfance. Cette heureuse et brève période de l'existence où l'on a tout juste assez de conscience pour savourer la joie d'être et d'inconscience pour ignorer les difficultés de la vie. »

André Duval

Les enfants sont une source de grand bonheur. Ils débordent d'énergie et sont souvent demandeurs d'une grande attention. Nous sommes attentifs à leur bon développement physique, affectif, intellectuel et spirituel. Ils requièrent quotidiennement notre attention, mais que de fois le travail, les journées difficiles et stressantes laissent peu de temps pour se ressourcer. Il est vrai qu'il n'est pas toujours évident de leur consacrer assez de temps, entre la maison, la vie professionnelle, les activités extrascolaires, les devoirs, les bobos physiques et affectifs.

De l'arrivée du bébé à l'âge adulte, la route est longue jusqu'à leur envol ! Un bon Feng Shui dans leur chambre les aide à grandir de façon harmonieuse et permet parfois de régler, de façon aussi radicale que rapide, des problèmes apparemment insolubles.

ÉTAPE 1 : JE FAIS MES EXERCICES

Je remplis le questionnaire en répondant aux questions et en cochant la réponse qui convient le mieux à mon enfant.

Vous pouvez remplir le questionnaire seul chacun de votre côté, puis ensemble avec votre enfant, en fonction de son âge.

DES ENFANTS BIEN DANS LEUR PEAU : QUESTIONNAIRE

Des enfants bien dans leur peau	Oui ☯	Bof 😐	Non ✸
Il se développe et grandit bien.			
Il aime le sport.			
Il aime bouger et danser.			
Il mange avec appétit.			
Il dort bien.			
Il se réveille facilement frais et dispo.			
Il rit souvent.			
Il est gai et d'humeur joyeuse.			
Il a beaucoup d'amis.			
Il s'entend bien avec vous.			
Il est plein d'énergie.			
Il est affectueux.			
Il aime jouer.			
Il a un contact direct et franc.			
Il a de bonnes relations avec ses frères et sœurs.			
Il aime créer et inventer.			
Il aime les travaux manuels.			
Il est autonome (il sait jouer seul).			
Il aime sa chambre.			
Il passe du temps dans sa chambre.			
Il aime y inviter des copains.			
Il aime aller à l'école.			
Il aime travailler.			
Il se concentre facilement.			
Total			

Additionnez maintenant le total des symboles obtenus pour chaque réponse que vous avez cochée.

Vous avez un maximum de ☯ :
Votre enfant se porte *a priori* parfaitement bien. Vous pouvez aller directement au chapitre 1 pour consolider vos acquis !
Vous avez un maximum de 😐 :
Rendez-vous directement à l'étape 3 pour découvrir, avec lui peut-être, tous les conseils Feng Shui concernant sa chambre.
Vous avez un maximum de ✹ :
Il est temps de lui parler et de regarder dans sa chambre les éléments, couleurs et mobiliers qui lui renvoient ses souffrances.
Je dessine maintenant sa courbe de satisfaction en notant de 0 à 10 la façon dont mon enfant se comporte à la maison. Je commence par l'année (ou le mois) zéro date de notre emménagement, et je relie tous les points afin d'obtenir une courbe.
Essayez de trouver le point de départ des modifications de son comportement.

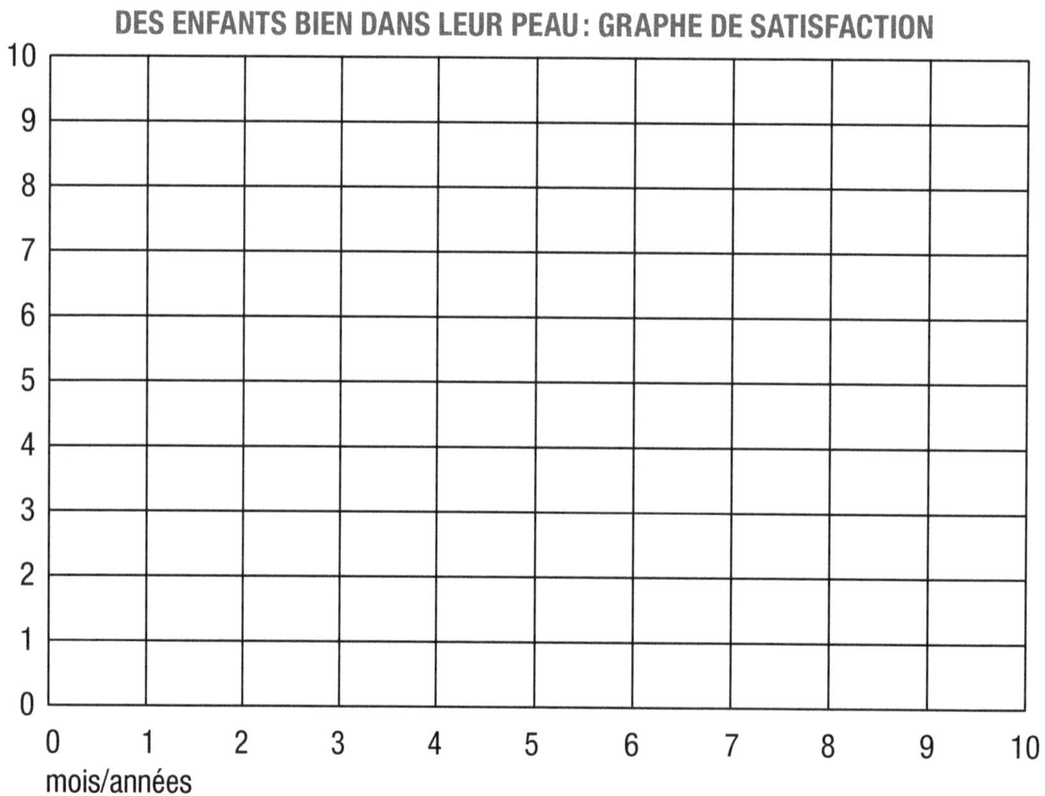

J'établis enfin mon diagnostic en me reportant aux réponses du questionnaire et à la courbe de satisfaction. À quoi ressemble cette courbe ? Intéressez-vous aux changements de direction en vous aidant des questions suivantes :

Depuis quand et dans quel contexte mon enfant rencontre-t-il des difficultés ?
Qu'est-ce qui a pu l'affecter et avec quelle intensité ?
A-t-il pu avoir des soucis, des contrariétés ou des frayeurs dans son environnement proche ? Apprécie-t-il la décoration de sa chambre (les couleurs, les matières, son aménagement) ?

Vous pouvez discuter avec lui de ses préoccupations quotidiennes :

ses relations avec les autres : parents, fratrie, grands-parents, oncles et tantes, enseignants, amis...
ses émotions : joies, peines, stress, peurs...
ses distractions : activités extrascolaires, sorties...
événements importants : maladie, deuil...

Prenez le temps de noter par écrit le résultat de vos réflexions.

C'est à vous !

....

....

....

....

....

....

ÉTAPE 2 : JE M'INSPIRE D'UN TÉMOIGNAGE

Chaque enfant est unique et réagit différemment. Toutefois, les signes de perturbation sont souvent les mêmes : un mauvais sommeil qui entraîne de la fatigue, une perte d'énergie, des maladresses physiques et intellectuelles, voire affectives, un moral morose et une humeur désagréable ; une incapacité à fixer son attention, à travailler ou encore à faire ses devoirs qui entraîne de mauvaises notes, et une pression pour travailler davantage et mieux réussir ; une attitude d'exclusion, l'enfant ne joue pas et passe son temps devant les écrans de télévision, de jeux vidéo ou encore sur internet, il se renferme, se focalise, peut devenir égocentrique, solitaire, parfois agressif, et dépendant.

ÉTHAN

Éthan est un très beau garçon d'une dizaine d'années. Ses parents sont séparés, sa mère est partie vivre à l'étranger, il vit avec son père, la nouvelle compagne de ce dernier et ses deux frère et sœur qui sont nettement plus âgés que lui.

Il est le « petit dernier », sa belle-mère s'est prise d'une réelle affection pour lui. Mais elle tombe enceinte de son premier enfant et son attention se porte alors sur sa grossesse et l'arrivée du bébé.

Éthan se sent abandonné, n'ayant plus l'exclusivité du rôle de « petit dernier ». Il régresse, dort mal, ses notes à l'école chutent, heureusement il n'interrompt pas son sport favori, le karaté. Il focalise toute son attention sur cette activité et les compétitions organisées par son club. S'il s'épanouit en sport, l'école devient pesante, l'échec scolaire le stresse et il se renferme. Il n'invite plus ses copains à la maison, rechigne à se rendre à des anniversaires. Il mange moins, il dort mal, ses relations à la maison se détériorent. Ses parents sont désolés, ils ne savent plus quoi faire. Ils tentent l'expérience du Feng Shui pour découvrir les liens entre le mal-être d'Éthan et les nœuds visibles dans la maison.

DIAGNOSTIC

Faisons un tour dans la chambre d'Éthan.

Éthan dort dans un lit métallique à barreaux, la tête de lit est tournée vers la porte, à moitié dans le vide, à moitié reposant sur une armoire qui contient… les vêtements de sa belle-mère.

Son bureau est positionné face au mur, entre la porte et la fenêtre ; dans un passage, il a un tabouret pour travailler. Il a beaucoup de peluches et… un ordinateur avec une connexion internet, et un téléphone portable.

A côté de son lit se trouve un grand poster d'un phare breton en pleine tempête. Le phare, symbole de guide, de lumière et d'espoir, perd sur cette représentation toutes ses qualités : il est seul, prisonnier au milieu de la tempête.

Une étagère sur le côté droit surplombe son lit, elle lui permet de poser ses livres le soir, mais présente des angles vifs susceptibles de le blesser au sens propre, comme au sens figuré.

Le plafond s'écaille, la fenêtre n'a pas de volets, les rideaux sont trop courts et pendent à quarante centimètres du sol. L'interrupteur de la chambre est cassé, consolidé par un morceau de scotch, l'ampoule est faible, l'éclairage au plus bas.

Cette chambre est une accumulation d'injures aux règles du Feng Shui : armoire de vêtements de la belle-mère, qui n'a rien à faire dans la chambre de l'enfant, disposition des meubles irrationnelle, angles vifs qui assaillent l'enfant quand il dort, lit en métal orné de barreaux (de prison), écrans et peluches (aucun jouet en rapport avec son âge charnière, encore enfant mais pas encore adolescent), grande image d'eau sombre (représentation d'un phare, lors d'une tempête, signe d'instabilité, de solitude et de manque).

Dans cette chambre, tous les signes du mal-être physique et psychique d'Éthan sont inscrits de façon visible. Les retirer sera une façon douce et non intrusive de l'aider à rééquilibrer ses émotions et à se restructurer.

Nos enfants n'ont pas toujours de multiples problèmes, comme c'est le cas d'Éthan, bien heureusement. Toutefois, ils sont souvent sensibles à ce qui pour nous, adultes, n'est que détail. Les conséquences peuvent parfois être terribles, tout comme les remèdes, appliqués de façon subtile, peuvent être tout à fait extraordinaires. On peut alors voir en l'espace de quelques secondes le visage d'un enfant passer du désespoir absolu au bonheur le plus total. La capacité qu'ont les enfants à guérir et à aller de l'avant est absolument fascinante.

ÉTAPE 3 : JE DÉCOUVRE LES CONSEILS FENG SHUI

Pour les garçons comme pour les filles, un certain nombre de consignes Feng Shui sont importantes à suivre pour organiser leur chambre.

Cet univers privé, ou partagé avec des frères et sœurs, est multifonctionnel : en effet, ils y dorment, ils y jouent, ils y invitent leurs amis et ils y travaillent. Il est donc nécessaire de déterminer les différents secteurs de la chambre.

L'enfant a besoin d'un endroit pour dormir, matérialisé par la présence d'un lit, d'un endroit pour jouer, donc de l'espace et des rangements, et d'un coin pour travailler, donc d'une table, d'une chaise et de rangements pour ses affaires scolaires.

Chaque enfant est différent, certains préfèrent jouer, d'autres travailler, d'autres rêver et inventer leur monde. En fonction de ce que voulez favoriser, vous pouvez dynamiser plus ou moins l'un des trois secteurs, veillant toujours à ce qu'il y ait un équilibre entre les trois.

LA DISPOSITION DES MEUBLES

La chambre doit être aménagée en fonction de critères et de règles du Feng Shui qui insistent sur une disposition qui favorise un sentiment de sécurité pour l'enfant et de libre circulation de l'énergie.
Pour commencer, la structure même de la chambre doit être impeccable, les murs, les plafonds et les sols doivent être en parfait état. La fenêtre doit pouvoir s'ouvrir et se fermer sans blocage, elle doit être dotée de rideaux ou de stores pour permettre lumière ou obscurité en fonction des besoins.
Des trous dans le plancher, dans la moquette, des écailles de peinture au mur, des moisissures autour des fenêtres, du crayonnage sur les murs sont autant de sources d'énergies négatives.

LA PLACE DU LIT

La place du lit est primordiale. Un enfant a besoin de sommeil pour grandir, s'épanouir physiquement, retrouver des forces, favoriser sa concentration pour travailler et développer ses dons créatifs.
Le lit sera toujours dans la position de contrôle, c'est-à-dire qu'allongé dans son lit, l'enfant doit avoir vue sur la porte d'entrée de sa chambre. Le lit doit donc être positionné dans la partie la plus éloignée de la porte de la chambre. La tête du lit doit être adossée au mur, cela renforce et favorise l'idée de soutien, de sécurité et de confort. Une tête de lit non adossée, c'est-à-dire « dans le vide », sous une fenêtre, sous une étagère, dos à la porte d'entrée ou encore dans un passage fenêtre-porte, donne un sentiment d'insécurité et peut perturber le sommeil.
Vous veillerez à ce qu'aucun angle saillant ne vise le lit. Par angle saillant, j'entends une poutre, des étagères, un angle d'armoire ou de commode.
Évitez les lits en mezzanine : en plus du risque de chute et de l'inconvénient de faire un lit en hauteur, faire des câlins à son enfant est quasiment mission impossible !

LA PLACE DU BUREAU

Un bon placement de la table de travail favorise la concentration et les études.

Le bureau doit être placé de sorte que l'enfant voie les personnes qui entrent dans sa chambre. Idéalement, la position du bureau est la direction la plus favorable pour votre enfant. Étudiez la façon dont il s'installe naturellement dans sa chambre, et disposez le bureau en fonction de sa direction favorable. Si votre enfant a le dos à la porte lorsqu'il étudie, ou encore s'il est dans un passage, entre la porte et la fenêtre par exemple, sa concentration peut être altérée : il aura envie de faire autre chose pour quitter une position désagréable.

L'ESPACE DE JEU

L'espace de jeu est important, c'est la place de tout le développement de son imaginaire, de sa relation aux autres et de ses découvertes.

L'espace de jeu doit se situer entre le lit et le bureau. Les jouets doivent être accessibles pour l'enfant. Vous les disposerez à sa hauteur, de sorte qu'il puisse les attraper sans avoir à faire appel à un plus grand que lui. Lorsque les jeux sont rangés trop haut, l'enfant peut s'en détourner ou vouloir les attraper à tout prix au risque d'acrobaties périlleuses, ou encore avoir un sentiment de frustration.

LA QUALITÉ ET L'ADÉQUATION DES ÉQUIPEMENTS

LE LIT

Pour bien dormir, l'enfant doit avoir un lit adapté à sa taille et à son âge. Ni trop grand ni trop petit. Le lit doit être stable, avec des pieds solidement fixés, la tête de lit doit être pleine. Un lit trop petit ne permet pas une bonne détente, il enferme l'enfant et l'empêche de se développer. Dans un lit trop grand, l'enfant peut se sentir perdu et avoir un sentiment d'insécurité.

Vous éviterez les lits avec des structures métalliques, le métal est un élément dur, sec. Le lit n'aura pas de barreaux, surtout s'il est en métal, les barreaux rappellent ceux des grilles, des portes de prison, des cages pour animaux. Vous préférerez les lits en bois.

Le matelas doit aussi être adapté au lit, le sommier doit être à lattes. L'ensemble doit être stable, ne doit pas glisser ni grincer.

Le pied du lit doit être dégagé, il ne doit pas y avoir de bazar sous le lit, l'énergie doit circuler librement.

La parure du lit doit aussi être adaptée à l'enfant selon son âge, et selon qu'il est un garçon ou une fille.

Vous pouvez aussi suspendre une mousseline ou un tissu sur et autour du lit, rappelant ainsi la structure des lits à baldaquin pour adulte. Ce type de structure est signe d'un Feng Shui favorable.

Les draps, oreillers, couettes ou couvertures doivent être en matière naturelle.

Évitez d'encombrer le lit avec trop de peluches. Une ou deux suffisent. À trop encombrer un lit, l'enfant peut s'étouffer s'il s'agit d'un bébé, ou inhaler toute sorte de poils et de poussières qui se nichent dans les fourrures de ces doudous.

LE BUREAU

Quel que soit son âge, l'enfant aime s'asseoir à une table pour dessiner, construire des Lego, jouer aux cartes ou à tout autre jeu de société. Plus tard, c'est pour travailler et faire ses devoirs qu'il s'installera à son bureau.

Cette table, ce bureau, doit être de forme carrée ou rectangulaire (la table de forme ronde est de type *yang*, c'est-à-dire d'énergie vive qui n'incite pas à rester longtemps autour).

De même que pour le lit, le bureau doit être stable, assez grand pour pouvoir étudier et disposer livres et cahiers sur un même plan. Il doit régulièrement être rangé de sorte que l'enfant retrouve rapidement tout ce dont il a besoin.

Le bureau doit être doté d'une chaise stable à dossier. Cela paraît évident, mais j'ai déjà vu une maman se plaindre de voir son enfant travailler allongé sur le sol, ou encore sur le lit, alors qu'il avait un beau bureau tout neuf, mais... pas de chaise. Évitez les tabourets inconfortables, ils n'apportent pas de soutien.
Sur la gauche du bureau, vous installerez une lampe suffisamment puissante pour qu'il puisse lire et écrire sans se fatiguer les yeux.
Proche de son bureau, veillez à ce qu'il ait de quoi ranger ses affaires scolaires, si possible dans un placard ou des rangements adaptés fermés par une porte. Lorsque le travail est fini, il peut ainsi tout ranger et se concentrer sur une autre activité.

LES JOUETS

Jouer est vital dans le développement psychomoteur de l'enfant. Le jeu est nécessaire à son évolution. Plus il joue, plus il développe sa personnalité, ses capacités motrices, ses connaissances, ses compétences intellectuelles et son imagination. Le jeu entraîne l'enfant à résoudre des problèmes et à trouver des solutions, il structure ainsi sa pensée et élabore sa vision du monde. Jouer éveille les notions de plaisir, de partage, développe les relations aux autres, par les échanges et par l'apprentissage de la communication.
La place physique des jeux est importante, ils doivent être facilement accessibles, à la hauteur de l'enfant. Les rangements sont donc à adapter à sa taille.
Privilégiez les jeux de construction, les jeux interactifs, afin de développer son esprit créatif et son sens de l'initiative.
En ce qui concerne les écrans (télévision, ordinateur, tablette, console de jeux, téléphones portables à écran tactile), il est préférable qu'ils restent en dehors de la chambre. Ces écrans focalisent l'enfant dans un espace coupé des autres et de son environnement pour naviguer entre réalité et virtualité. De plus, si internet est une formidable fenêtre sur le monde, c'est aussi le monde qui pénètre l'espace sacré de la chambre de l'enfant, avec

ses images, souvent de qualité mais aussi parfois effrayantes, qui peuvent le dérouter. Et la tentation d'entrer sans limite dans ce monde est grande. Un juste milieu est à trouver entre cet univers et celui, réel, dans lequel il vit. À noter qu'en règle générale, les jouets réels ou virtuels à connotation guerrière sont à éviter, ils sont générateurs d'énergie néfaste.

Il faut trier les jouets régulièrement. Nos enfants grandissent vite, ils aiment tous leurs jouets, bien entendu, mais l'amoncellement, la quantité de jeux qu'ils possèdent, frôle bien souvent l'indécence. Trop souvent les jouets envahissent la chambre, le couloir, voire le salon.

Un jeu, une peluche, une poupée avec lequel on ne joue pas, devient un objet inerte, il n'a plus de bonne énergie.

De même, les jouets abîmés, cassés, incomplets, qui ne fonctionnent plus, sont cause de regrets, de contrariété, de déception, c'est le contraire du principe du jeu. Alors n'hésitez pas, donnez ce qui n'est plus de leur âge, partagez avec ceux qui n'ont rien : vous ferez des heureux ! Vous serez en échange récompensés aussi : moins de bazar dans la chambre et l'enfant « redécouvrira » ses jeux.

J'en fais régulièrement l'expérience avec mes quatre enfants : entre les anniversaires, Noël, la famille, les amis qui passent... les jouets, babioles et autres merveilles s'amoncellent de façon impressionnante ! Résultat : les chambres s'encombrent d'énergies pesantes et lourdes, les enfants désertent leur chambre et préfèrent finalement aller dans le reste de la maison (salon, cuisine, salle à manger...) ou encore venir regarder la télévision. Chaque fois que je fais un « Feng Shui » dans leur chambre, ils sont heureux et attendent avec impatience d'en découvrir les résultats. Ils regardent leurs jeux d'un autre œil et restent alors naturellement dans leur chambre tout à la joie de s'amuser.

Une surabondance de représentations des enfants dans une maison ou un appartement, qu'elles en soient sous forme de photos ou de jouets investissant chaque pièce, est un signe de déséquilibre. À vous de trouver le bon équilibre !

UN ENVAHISSEMENT SURPRENANT

Je croise régulièrement Sahra au parc les mercredis après-midi, une jeune quadra dynamique qui a quatre enfants.

Lors d'une conversation, une phrase retient mon attention: « Tu sais, nous, nous ne recevons pas souvent à la maison, il y a trop de bazar, et rien que l'idée de ranger me fatigue. Le plus simple, c'est de retrouver nos amis au restaurant ».

Quelques mois passent, et elle me propose de venir voir sa maison, pour un diagnostic, car en plus de ne plus voir leurs amis, elle connaît une très grande fatigue, une fatigue que ses quatre enfants, son mari et son travail ne justifient pas. Elle ne comprend pas, elle aimerait que la situation change. Je passe donc chez elle.

Je savais qu'il y avait des jouets partout, elle m'avait prévenue. Mais ce que j'ai vu dépasse l'entendement. De l'entrée, on accède au salon: la table de la salle à manger est couverte de constructions de Lego, au sol des fermes, des circuits de voitures, sur le piano chaque centimètre est recouvert de Lego, derrière les fauteuils du salon, une centaine de jouets en plastique pour la petite fille (poussette, jardinière, poupées, jeu de marchande de fruits…). La cuisine héberge un baby-foot, qu'on ne peut même pas déplacer tellement sa base est recouverte de jouets, un circuit de train envahit un bon quart de la cuisine, le couloir accueille des cartons remplis de jouets. Dans la chambre du couple, les jouets sont casés au-dessus de l'armoire à vêtements et sous le lit. Dans les deux chambres d'enfant, il est impossible de poser un pied par terre tellement les jouets ont pris possession de chaque parcelle de sol.

Ces jouets ont tellement pris le pas sur toute la maison, qu'il est effectivement impossible de les ranger, les armoires et les étagères étant déjà pleines.

Tout objet qui n'est pas utilisé, et c'est le cas pour la majorité d'entre eux, devient inerte, source d'énergie stagnante et néfaste.

Avant même de pouvoir travailler sur son problème de fatigue, elle devra, avec ou sans ses enfants, faire un tri, ranger, mettre en cartons, donner ou vendre une bonne partie de ces objets.

Car les enfants aussi donnent des signes de fatigue, il n'y a aucun espace qui soit libre d'objets. Ce ne sont pas des dizaines, mais des centaines de jeux en tous genres qui traînent partout, délaissés.

Au-delà de la fatigue et de ne plus pouvoir recevoir ses amis, ce bazar entraîne des énergies négatives dans leur relation de couple, qui n'a pas d'espace d'intimité. D'ailleurs, le mari vient d'acheter une maison de campagne, sans consulter sa femme, pour pouvoir se retirer tranquillement, tout seul…

LA DÉCORATION ET L'ÉCLAIRAGE

La décoration de la chambre, ses couleurs, ses matières et son éclairage renvoient un grand nombre d'informations. L'énergie dégagée par cette pièce nourrit l'enfant qui y vit. Lorsque les énergies sont bonnes, elles favorisent le bon développement de l'enfant, lorsqu'elles sont mauvaises, elles peuvent opprimer, ralentir son évolution.

Tant que les enfants grandissent, ils sont débordants d'énergie, les experts Feng Shui préconisent des éléments plus *yang* que *yin* dans leur chambre.

L'éclairage a donc toute son importance, il doit être puissant.

Les tableaux et images représentés sur les murs, les papiers peints seront de figuration et d'esprit positif, rassurants, sereins. Les images d'animaux sauvages ou agressifs n'ont pas leur place dans une chambre d'enfant. Une image de dauphin, par exemple, génère des énergies positives, alors qu'un crocodile ou un tigre engendrent des énergies nocives.

De même les tableaux représentant l'eau sont à éviter totalement. L'eau n'a pas sa place dans une chambre, elle est synonyme de perte et de manque, parfois même d'instabilité ou d'insécurité. Les images conseillées sont celles qui expriment de la joie, de la sécurité, du bonheur et de l'amour.

Les frises qui décorent les murs ne sont pas conseillées, elles rabaissent visuellement la hauteur du mur et peuvent ralentir, par analogie, le développement de l'enfant.

Si vous présentez des photographies de votre enfant au mur, pensez à les changer régulièrement au fur et à mesure qu'il grandit. Le laisser visuellement quelques années en arrière le retient en quelque sorte dans son évolution.

CONSEILS

Aidez votre enfant à se voir grandir au travers de toises qui prévoient l'insertion d'une photo.
Placez au fur et à mesure des années les photos qui correspondent à sa taille : il adore se voir grandir et s'imagine déjà dans les étapes suivantes.

UN DÉTAIL APPAREMMENT ANODIN

Eugénie a une petite fille qui n'aime pas trop aller se coucher, cela la rend triste, pourtant sa chambre est joliment décorée, tout en rose comme les princesses.

À première vue, il n'y a rien qui soit négatif dans sa chambre. Pourtant, à côté de son lit, sur sa table de chevet, repose un petit tableau de 30 cm de côté. C'est sa marraine qui l'a peint spécialement pour elle. Cette peinture représente le portrait d'un ravissant petit ourson, gris perle, tout doux. Mais ses yeux sont tristes, on dirait qu'il est sur le point de pleurer. Eugénie est bien consciente de cela, mais elle n'ose pas retirer le tableau, qui a une valeur importante à ses yeux : il a été fait « sur mesure » pour sa fille, cela a pris du temps, et l'intention était de faire plaisir.

Ce tableau est source d'énergie triste, et affecte sa petite fille. Mais Eugénie est bloquée : elle n'ose pas l'enlever et voudrait malgré tout que sa fille soit heureuse d'aller dormir.

Il existe pourtant deux alternatives : la première est de garder le tableau mais de le faire modifier. Eugénie trouvera bien un peintre dans son entourage, un ami qui a un bon coup de crayon et qui modifiera légèrement les yeux afin que l'ourson redevienne joyeux et porteur d'énergie faste. La seconde alternative est plus radicale : il s'agira tout simplement de retirer le tableau. Entre faire plaisir à la marraine, qui voit son tableau lorsqu'elle passe à la maison quelques jours par an, et sa petite fille qui est triste tous les soirs, le choix peut être rapide et drastique !

Lorsque vous recevez un cadeau que vous n'aimez pas, mais que vous n'osez pas enlever car il a été offert avec une bonne intention, dites-vous bien que ce qui compte, c'est la bonne intention : celui qui vous l'a offert voulait vous faire plaisir et non vous contrarier.

LES REPRÉSENTATIONS DES ENFANTS DANS LA MAISON

Il est essentiel que chaque enfant présent dans la famille, qu'elle soit recomposée ou pas, soit évoqué d'une façon ou d'une autre dans la maison, par une photographie ou un portrait. Il est important que la photographie soit une image positive, que votre enfant ait l'air heureux, fier, ou encore victorieux.

Il m'est arrivé, lors d'une expertise, de ne voir que trois enfants en photo, alors que la famille en comptait quatre. L'un d'eux était absent, et, comme par hasard, c'est celui qui allait mal et pour qui les parents m'avaient demandé de faire un diagnostic.

Pensez à ce qui peut se passer dans la tête d'un enfant lorsqu'il voit des photos de ses frères et sœurs, ou de ses demi-frères et demi-sœurs, alors que lui est inexistant.

De même que, dans leur chambre, les photos doivent être actuelles, les portraits présents dans la maison doivent être « à jour ». Les cantonner à une image d'eux qui n'existe plus ne les aide pas à trouver leur place dans la maison. Vous ne pouvez pas nier leur évolution, ni la vôtre d'ailleurs !

LAISSEZ-LES GRANDIR, VIVEZ LE PRÉSENT

Lorsqu'on entre chez Simone et Marcel, on est impressionné par la quantité de photos de leurs fils. Il y en a partout dans la pièce qui fait office d'entrée, dans le grand salon et dans le bureau. Sur le manteau de la cheminée, des portraits en noir et blanc, des grands et des moyens, des petits… il y en a bien une vingtaine. Sur ces photos, leurs fils ont entre trois mois et quatre ans. Simone et Marcel sont fous de leurs enfants. Ils ont tendance à vivre dans le passé et ne voient pas leurs enfants grandir. Lorsqu'ils les voient, ils les traitent toujours comme des petits, alors que l'aîné a bientôt 45 ans et le benjamin 42 ! Leurs fils sont tous deux mariés et ont eux-mêmes des enfants. Ils ont essayé de faire remplacer leurs portraits par ceux de leurs propres enfants, et cela a fonctionné… un temps. Les photos des petits-enfants ne sont pas plus actuelles que celles de leurs pères ! D'autres signes parsèment la maison : la chambre des deux garçons est restée telle quelle. Quarante ans plus tard, les armoires sont encore remplies de vêtements de 10 à 16 ans, leurs jouets, leurs cahiers et leurs livres d'école sont toujours là. Pour les belles-filles, cette vision est déroutante. Elles peinent à trouver leur place et à exister face à ces représentations si anciennes de leurs maris. Venir passer des vacances dans cette maison, c'est comme s'enterrer dans le passé, dans une époque révolue, c'est vivre dans une non-acceptation de la réalité. Les énergies sont néfastes, l'atmosphère est lourde et pesante. Tout est vieux, tout est passé. Elles rechignent à venir.

À vivre ainsi dans le passé et la nostalgie des belles années, Simone et Marcel perdent, chaque jour, la joie de vivre dans le présent, avec des enfants et des petits-enfants qui, eux, grandissent loin de cet univers aux énergies néfastes.

Laisser grandir ses enfants, c'est aussi se laisser grandir et apprécier chaque jour qui passe pour construire un avenir riche en échanges.

La chambre de l'enfant est comme sa carapace : protectrice, aimante, solide, elle doit être saine et adaptée à son âge. Pour un développement harmonieux, l'enfant a besoin de sécurité, de guides, de repères stables et bien sûr… d'amour !

Les meubles doivent être conformes à sa taille, la décoration doit transmettre des émotions et des sentiments positifs, rassurants. L'image qu'il a de lui doit être en lien avec son évolution réelle. Il doit disposer d'éclairages vifs, de jouets à sa portée, bien rangés le soir, et du nécessaire pour pouvoir apprendre, lire et travailler dans des conditions favorables.

Il est bon pour lui d'être représenté dans la maison comme faisant partie du tout, dans une juste mesure.

DES ENFANTS BIEN DANS LEUR CHAMBRE

ÉTAPE 4 : JE VÉRIFIE MES CONNAISSANCES

Vous allez maintenant observer attentivement le dessin ci-dessous. Sans vous attarder sur le style des mobiliers, vous allez repérer au moins sept erreurs à éviter. Ainsi vous aurez la certitude de pouvoir à votre tour et en toute sérénité faire les bons choix Feng Shui pour la chambre de vos enfants (voir solutions p. 184).

LE JEU DES 7 ERREURS

LA CHAMBRE D'ENFANT

corrections p. 184

FICHE RÉCAPITULATIVE

Étape 1

Je fais mes exercices et j'établis le diagnostic :

Je remplis le questionnaire.

Je dessine le graphe de satisfaction de mon enfant.

Je porte mon attention sur les éléments qui ont pu le perturber.

Je note les informations relatives aux changements.

Étape 2

Je m'inspire d'un témoignage :

Je cherche les coïncidences, les éléments qui entrent en résonance avec les soucis de mon enfant.

Je note tous les éléments qui ont pu perturber à un moment son bon développement physique, sentimental ou intellectuel.

Étape 3

Je découvre les conseils Feng Shui :

J'organise sa chambre pour bien dormir, bien travailler et bien jouer.

Je m'assure de la qualité et de l'adéquation de ce qui se trouve dans sa chambre.

Je prévois une décoration et un éclairage appropriés.

Étape 4

Je vérifie mes connaissances :

Je fais le jeu des sept erreurs.

RADIEUX
PARTAGES
FORCE
AMITIÉ
FÊTE
WAOU!
COMPLICITÉ
FIDÉLITÉ
LOL
KIFF

2012

BIEN ENTOURÉ

#07

« En compagnie d'un ami, aucun chemin n'est trop long. »

Proverbe japonais

L'homme est un animal social, il vit par lui et au travers du regard de l'Autre, il se nourrit des rencontres, des échanges, des amitiés, des rêves et des réalisations.

Être entouré, recevoir et donner de l'amitié se cultive par des échanges, et l'une des façons d'échanger est de recevoir chez soi ses amis. Pour cela, votre maison doit être accueillante, afin qu'on ait envie d'y venir.

Pour commencer, je vous propose de prendre un moment pour faire quelques exercices.

ÉTAPE 1 : JE FAIS MES EXERCICES

Je remplis le questionnaire en répondant aux questions et en cochant la réponse qui me convient le mieux. Si vous vivez en couple, vous pouvez faire cet exercice seul, chacun de votre côté, puis ensemble.

BIEN ENTOURÉ : QUESTIONNAIRE

Bien entouré	Oui ☯	Bof 😐	Non ✹
J'ai beaucoup d'amis.			
Ma maison est accueillante.			
Mes amis adorent venir chez moi.			
J'ai la place suffisante pour recevoir.			
Il y a toujours quelqu'un chez moi.			
Nous sommes toujours nombreux à table.			
C'est facile de recevoir.			

Bien entouré	Oui ☯	Bof 😐	Non ✹
Il y a toujours de quoi partager un repas.			
Il y a toujours un matelas dans un coin.			
Mes amis peuvent débarquer à toute heure.			
J'aime quand ma maison est pleine.			
J'aime recevoir.			
J'apprécie les visites surprises.			
J'ai des photos d'amis partout.			
À la maison, c'est toujours la fête.			
Je suis souvent invité(e).			
J'ai besoin de mes amis.			
J'aime faire de nouvelles rencontres.			
J'aime échanger, me confier, parler.			
Total			

Additionnez maintenant le total des symboles obtenus pour chaque réponse que vous avez cochée, et retrouvez ci-dessous votre profil.

Vous avez un maximum de ☯ :

Tout va bien, vous êtes suffisamment entouré. Allez directement au chapitre 1 pour consolider vos acquis. N'hésitez pas à donner un coup de main à vos amis qui cochent les autres cases !

Vous avez un maximum de 😐 :

Lisez attentivement tous les conseils Feng Shui dispensés dans les chapitres 3 à 7 pour être encore davantage à l'écoute de vos véritables centres d'intérêt et optimiser votre intérieur.

Vous avez un maximum de ✹ :

Il est temps de vous concentrer sur vos amis. La bonne nouvelle, c'est que vous avez dans les mains l'outil qui va vous changer la vie ! Maintenant que vous avez porté votre attention sur la façon dont vous êtes entouré, dessinez votre graphe de satisfaction. Réifiez (chosifiez) votre relation aux autres en dessinant une courbe.

Notez de 0 à 10 la façon dont vous analysez votre relation aux autres, en recherchant les modifications de comportement des amis et de la famille. Vous commencez par l'année (ou le mois) zéro, date de votre emménagement. Puis vous reliez tous les points afin d'obtenir une courbe.

BIEN ENTOURÉ : GRAPHE DE SATISFACTION

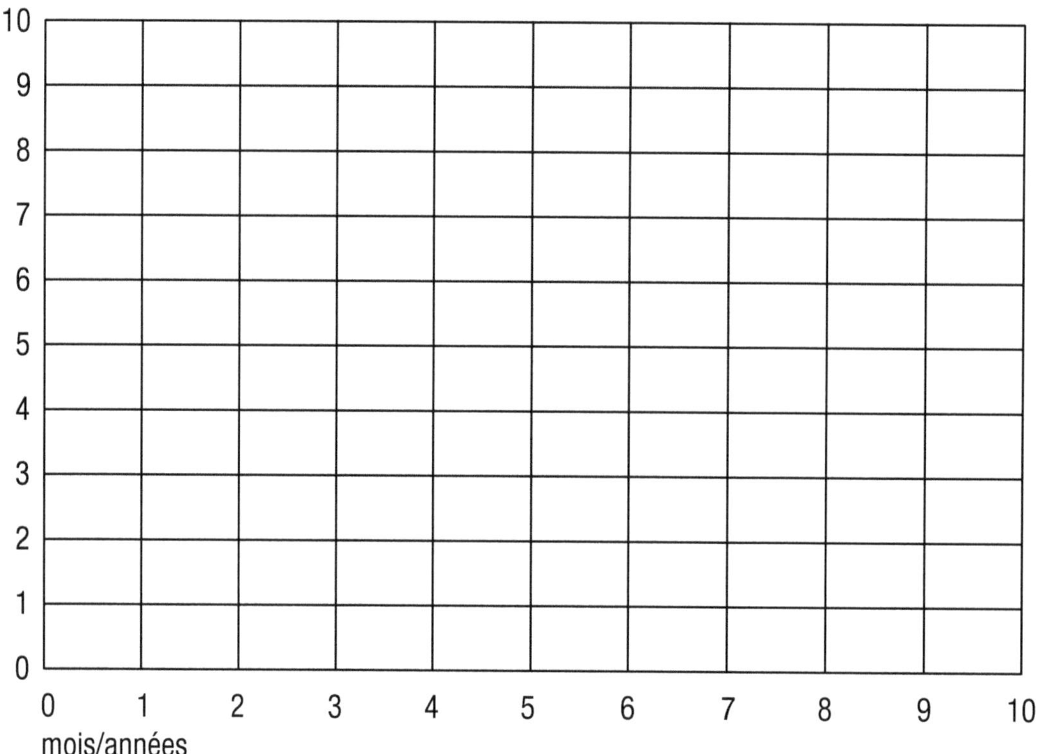

Vous pouvez aider votre réflexion en vous appuyant sur les questions suivantes, elles ne sont pas exhaustives, à vous de trouver les pistes : à partir de quand la question de votre entourage, de vos amis a-t-elle fait jour dans votre vie ? Quels sont les événements marquants de ces derniers mois, de ces dernières années ? Depuis quand n'avez-vous plus envie de recevoir, ou au contraire, depuis quand cela vous manque-t-il ?

DIAGNOSTIC

Vous avez réalisé vos deux exercices et vous avez maintenant assez d'éléments pour poser un diagnostic.
Basez-vous sur les réponses au questionnaire et sur votre courbe. À quoi ressemble-t-elle ? Les changements de cap sont des points forts, analysez ce qui s'est passé à ces moments-là et ce que vous avez éventuellement modifié dans votre maison.
Aidez-vous des questions suivantes :

Quand est-ce que ma relation aux autres a commencé à se modifier ? Dans quel contexte ?
Quel événement personnel ou externe a pu jouer un rôle significatif ? Qu'est-ce qui m'a affecté ? Pourquoi, comment, avec quelle intensité ?
Quels effets collatéraux ont pu découler de ma nouvelle préoccupation ?

Pour vous aider à répondre à ces questions, interrogez-vous sur votre environnement proche, ou plus lointain, et sur vos préoccupations quotidiennes actuelles, ou antérieures :

Famille, belle-famille.
Amis, relations.
Sport, loisirs et vacances.
Enfants, école, leurs amis, leurs loisirs.
Bureau, collègues, trajets, finances.
Ennuis de santé.
Inondation, feu, cambriolage…

Notez les circonstances qui ont perturbé votre relation avec vos amis, et prenez le temps de noter par écrit le résultat de vos réflexions.

C'est à vous !

....

....

....

....

....

....

Vous avez maintenant identifié un certain nombre de pistes qui vont vous permettre de modifier subtilement votre comportement et les signes visibles de votre intérieur.
Vos amis sont inscrits aux abonnés absents, plus personne ne vient chez vous et vous voulez que cela change ? Vous souhaitez remplir votre maison de rires, d'amitié, de joies et d'échanges ? Vous voulez que vos amis, vos relations, votre famille reviennent ?
Allons faire un tour dans la maison d'une famille qui s'est posé les mêmes questions.

ÉTAPE 2 : JE M'INSPIRE D'UN TÉMOIGNAGE

PIA ET JULES

Pia et Jules sont un jeune couple sans enfants débordant d'énergie, d'amour, sortant beaucoup, recevant beaucoup. Le temps passe, ils ont cinq enfants en l'espace de quelques années, leur appartement n'est pas immense. Ils travaillent tous les deux. Petit à petit leur espace « temps personnel » se réduit à peau de chagrin. Les grossesses, les bébés, les années de petite enfance, le travail, les trajets, les soucis de santé, le manque de vacances et de repos les font vivre (survivre ?) au jour le jour. Elle fait une dépression, lui s'éloigne de la maison en partant tôt le matin et en rentrant tard le soir. Les amis ont totalement déserté la maison.

Leur dernier enfant a aujourd'hui cinq ans, ils sont sortis de la période où l'enfant est 100 % dépendant car il commence à avoir une certaine autonomie, leur laissant un peu de temps pour respirer. Arrive le jour où ils se rendent compte que depuis quelques années ils n'ont pas pris le temps de recevoir. Ils aimeraient recommencer, mais lorsqu'ils regardent leur appartement, leurs velléités se trouvent quasiment instantanément annihilées : voilà huit ans qu'ils vivent dans un appartement, parant au plus urgent, entassant à droite et à gauche, au sol, en hauteur, tout ce qui anime une maison.

Les vêtements des parents ou des enfants sont empilés à même les chaises et les fauteuils, les documents, livres et autres dossiers professionnels sont entassé dans la chambre, le bureau et la table d'ordinateur croulent sous les papiers, la table de la salle à manger sert à la fois d'espace de jeu, de table de travail, de rangement pour la vaisselle qui n'entre pas dans les buffets, pour des vases non pourvus de fleurs et les papiers administratifs en attente. Ce sont des dizaines d'heures de transfert d'objets à passer pour retrouver de l'espace dans les trois lieux propices à la réception d'amis : la cuisine, le salon et la salle à manger. Autant dire que c'est impossible. Ranger signifierait investir dans des armoires, des étagères, trier ce qui est utile et ce qui ne l'est pas... des centaines d'heures en perspective. Alors, ils laissent tomber, ils ne sont pas organisés, ils ne savent pas faire et, surtout, ils n'ont plus d'énergie. Ils sont dans un cercle vicieux, les nouvelles affaires s'entassent, créant des énergies mortes, stagnantes, épuisantes, ils sont donc de plus en plus fatigués.

Je vous propose de regarder la façon dont ils ont rempli leur questionnaire.

BIEN ENTOURÉ : QUESTIONNAIRE DE PIA ET JULES

Bien entouré	Oui ☯	Bof 😐	Non ✸
J'ai beaucoup d'amis.	x		
Ma maison est accueillante.		x	x
Mes amis adorent venir chez moi.		x	x
J'ai la place suffisante pour recevoir.	x		
Il y a toujours quelqu'un chez moi.			x
Nous sommes toujours nombreux à table.			x
C'est facile de recevoir.			x
Il y a toujours de quoi partager un repas.	x		
Il y a toujours un matelas dans un coin.			x
Mes amis peuvent débarquer à toute heure.			x
J'aime quand ma maison est pleine.	x		
J'aime recevoir.		x	x
J'apprécie les visites surprises.			x
J'ai des photos d'amis partout.			x
À la maison, c'est toujours la fête.		x	
Je suis souvent invité(e).		x	
J'ai besoin de mes amis.	x		
J'aime faire de nouvelles rencontres.	x		
J'aime échanger, me confier, parler.	x		
Total	**7**	**5**	**10**

Observons maintenant comment ils ont établi leur graphe de satisfaction.

BIEN ENTOURÉ : GRAPHE DE SATISFACTION DE PIA ET JULES

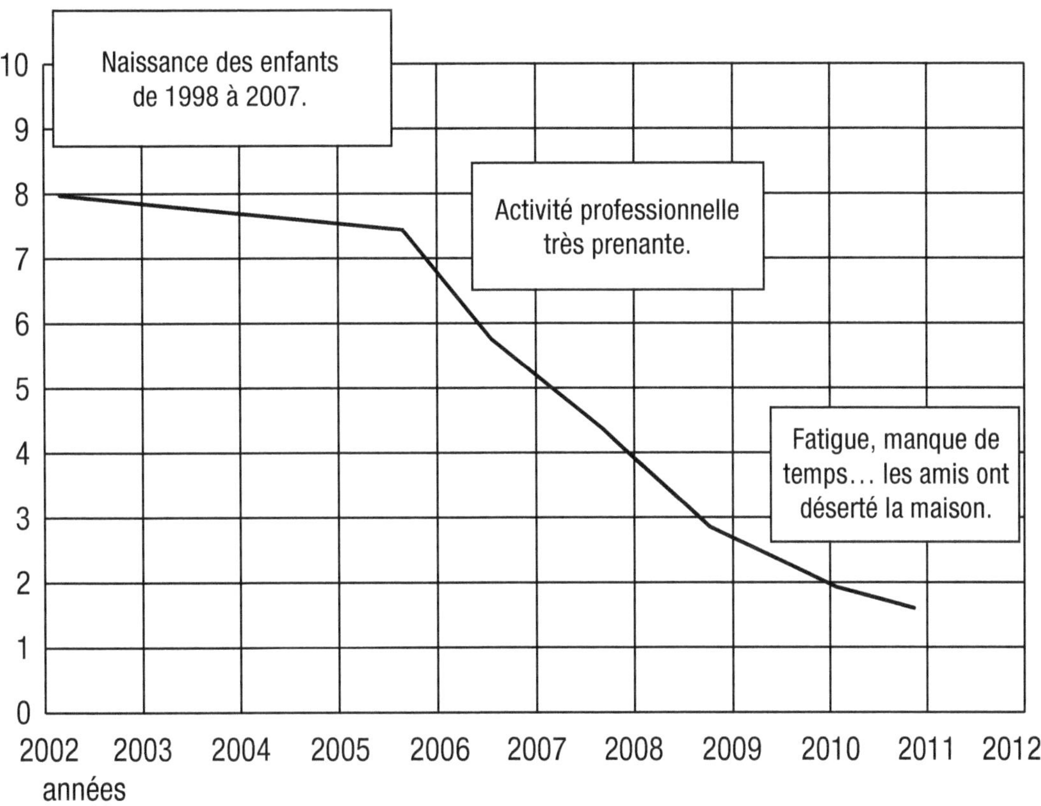

DIAGNOSTIC

Ce qui est intéressant dans leur questionnaire, c'est qu'il y a à peu près la même proportion d'envie de recevoir que d'impossibilité de le faire.

Ils ont beaucoup d'amis, mais l'appartement est dans un tel état de bazar, que l'idée seule de ranger leur paraît une montagne, un cap infranchissable. S'ils ont plus de temps que lorsque les enfants étaient petits, le peu dont ils disposent, ils ne souhaitent pas le passer à ranger !

À ce stade, ils ont bien fait de faire appel à un expert en Feng Shui. Il y a effectivement une corrélation entre leur fatigue et le fait que les amis ont déserté leur maison.

Il faut savoir que, pour pouvoir se ressourcer, il faut que l'énergie puisse circuler dans la maison afin de se renouveler.
Tout objet, grand ou petit, est une forme d'énergie. Tant qu'il sert, qu'il bouge, il est « plein de vie », mais dès qu'il est abandonné, il devient une énergie en attente, une énergie qui se rappelle à vous pour être traitée (rangée, jetée, triée, utilisée).
Une grande quantité d'objets et de meubles encombre autant physiquement qu'affectivement, et bloque une évolution. Car c'est la constante de la vie : le perpétuel changement. Rien n'est en effet figé dans la vie.

ÉTAPE 3 : JE DÉCOUVRE LES CONSEILS FENG SHUI

Être bien entouré, avoir des amis, un réseau, un groupe de soutien est essentiel dans une vie pas toujours facile et souvent trépidante.
Il y a quatre espaces qui ont plus particulièrement trait aux amis, à notre entourage. Ce sont dans l'ordre : l'entrée, le salon, la cuisine et le coin repas. N'oublions pas non plus les représentations de notre entourage.
Nous allons pas à pas visiter chacun de ces lieux et donner quelques conseils pour attirer vos amis chez vous.

L'ENTRÉE

Avant de pénétrer chez quelqu'un, que ce soit dans un appartement ou dans une maison, il y a un passage entre l'extérieur – le lieu public – et l'intérieur : c'est l'entrée. L'entrée est la pièce de transition qui donne le ton. Elle préfigure l'état général de la maison.
En ville, dans les immeubles, nous n'avons pas, ou peu, de contrôle

sur le hall d'entrée, c'est vrai. Pour les parties communes d'une copropriété, vous pouvez néanmoins enjoindre les locataires et copropriétaires d'intervenir si vous le jugez nécessaire. Mais vous pouvez tout de même appliquer les conseils qui suivent à votre propre entrée au sein de votre appartement ou de votre maison.

L'accès à votre maison doit être clair et dégagé. La porte, elle-même, est la première chose que l'on voit en arrivant chez vous. Le Feng Shui fait une analogie en l'être humain et la maison, ainsi la porte d'entrée est associée à la bouche de votre maison.

Son rôle est d'admettre chez vous ce que vous voulez faire rentrer. De fait, elle sert aussi à exclure tout ce qui est négatif et nocif, c'est par elle que l'énergie rentre dans votre maison. Elle est un élément maître de la maison.

L'espace pour accéder à la porte doit être parfaitement dégagé et impeccable. Assurez-vous que votre porte d'entrée est en parfait état (sa facture, sa couleur, sa sonnette, sa serrure). Les gonds doivent être bien huilés, l'ouverture doit se faire facilement.

La porte doit être bien éclairée, elle doit être solide et protectrice. Le battant est plein, de préférence, sans quoi l'énergie entre et sort en permanence. La matière a son importance : évitez le plastique et les matières synthétiques, préférez toujours les matières naturelles comme le bois ou le métal.

La forme donne aussi bon nombre d'indications : une porte étroite n'invite pas à rentrer, à l'inverse une ouverture spacieuse invite à rentrer chez vous. La logique veut que la porte soit proportionnée à la taille de la maison.

La couleur est importante. Il y a trois couleurs propices pour la porte :

le rouge, qui apporte puissance, protection et chance ;
le vert, symbole de la vie et de la santé ;
le noir, figure de l'eau, c'est-à-dire de l'argent.

Un heurtoir en bronze est de bon augure.

Le paillasson doit être sobre, votre nom ne doit en aucun cas y être imprimé puisqu'il sert à s'essuyer les pieds dessus.

UN EXEMPLE PARLANT

« Sitôt franchi le seuil, je respire une odeur qui me déplaît. Je ne sais pas s'il s'agit de nourriture, de linge sale ou d'autre chose, mais elle me déplaît.

– Je peux vous aider ? demande la jeune femme de l'accueil.

– Merci, non, dis-je en faisant volte-face.

…

Nous visitions trois autres hôtels de cet acabit.

Si, dans un hôtel, on n'est pas capable de prendre soin de la réception, je me demande dans quel état sont les chambres. »

(Extrait du *Cherche Bonheur* de Michael Zadoorian).

Tout comme John et sa femme qui tournent les talons et se refusent à aller dormir dans un hôtel dont l'entrée est douteuse et déplaisante, chacun perçoit de façon instantanée bon nombre d'informations qui vont lui faire aimer un lieu ou pas, que ce soit un hôtel, une maison ou un appartement.

L'entrée distribue généralement les premières pièces. Elle doit être dégagée et toujours en ordre. Vous veillerez à avoir de quoi suspendre les manteaux, où poser les sacs, les clés et le courrier.

Aucun miroir ne doit refléter la porte d'entrée, sans quoi l'énergie qui rentre par la porte d'entrée est immédiatement rejetée à l'extérieur par le miroir. La seule exception peut être pour les appartements dont la porte d'entrée fait directement face à l'escalier. Dans ce cas, le miroir n'a plus le rôle de rejeter l'énergie au-dehors, mais de la maintenir, lui évitant de monter ou de descendre par l'escalier.

L'éclairage doit être puissant sans toutefois être agressif, un éclairage rosé donnera immédiatement un joli teint à ceux qui rentrent, les mettant ainsi en valeur.

Maintenant que votre entrée est accueillante et propice à la réception de vos amis, nous allons nous diriger vers le salon.

LE SALON

Visage ouvert vers l'extérieur, le salon est une des pièces les plus importantes de la maison en ce qui concerne l'échange. Cet espace est d'autant plus important qu'il donne la possibilité d'accueillir des personnes de l'extérieur, tout en préservant ses espaces d'intimité (chambres et salle de bain). C'est tout à la fois un lieu d'accueil, de retrouvailles, de discussion et de repos. Il est la représentation visible de votre intérieur.
Multifonctionnel, il permet d'alterner trois types de relations : individuelles, familiales et collectives.
Dans la mesure où le salon est la pièce la plus fréquentée, celle où l'on séjourne le plus, il est capital que l'ordre, l'harmonie et l'équilibre y règnent. C'est ce lieu, avec la chambre, qui nous envoie le plus d'informations, et sur la plus longue durée.

LA DISPOSITION DES MEUBLES

Le salon doit être la pièce la plus spacieuse de votre maison. Idéalement, il se situe dans un espace qui se voit en arrivant chez vous. Le centre de la pièce doit être dégagé afin que l'énergie puisse circuler et ne pas rester bloquée.
Un salon est généralement constitué d'assises, d'un buffet, d'une console, d'une table basse. En fonction des goûts et des styles de chacun, fauteuils et canapés peuvent être différents, cela n'a pas d'importance. Ce qui compte, c'est qu'ils soient confortables et qu'ils aient des dossiers hauts afin de reposer les épaules et de soutenir le dos.
Canapés et fauteuils doivent être disposés en cercle afin de favoriser l'échange et que chacun, famille et invités, puisse s'installer dans sa direction favorable.
Les canapés et fauteuils doivent être adossés à un mur solide. Évitez les placements dos à la porte, à une baie vitrée ou à une fenêtre, qui sont autant de signes de manque de soutien.
Vous ne placerez pas non plus les assises sous des poutres, près

d'étagères ou de bibliothèques, ni près de piliers. Les angles vifs sont générateurs de flèches empoisonnées et attaquent l'individu. Vous pouvez masquer ces flèches empoisonnées par des portes vitrées, pour les étagères, par des livres ou des plantes au feuillage arrondi, ou encore par des draperies.
Lorsque la structure même de votre salon ne vous permet pas de répondre à toutes les règles du Feng Shui, soyez astucieux et renforcez les éléments qui vous paraissent essentiels.

CONSEILS

Évitez de disposer les canapés face à face, position qui induit des situations conflictuelles.

LES MATIÈRES, LES COULEURS ET L'ÉCLAIRAGE

Les matières et les couleurs qui composent votre salon sont autant d'invitations à se poser dans la pièce ou à la déserter. Chacun, en fonction de son goût, a des préférences de couleurs. Ce qui compte, c'est qu'elles vous plaisent, que vous vous y sentiez bien.
Les couleurs propices à l'ancrage et à la communication sont les tons de la terre, c'est-à-dire toutes les sortes de bruns allant des gammes les plus claires aux plus sombres. Les formes carrées incitent aussi à rester et à se poser.
Afin d'avoir un équilibre de couleurs, vous pouvez ajouter des touches de couleurs au travers des tapis, des coussins, des plantes.
Si vous avez des miroirs dans le salon, observez ce qu'ils réfléchissent. Ils peuvent être de grands atouts pour agrandir virtuellement la pièce, tout comme ils peuvent être néfastes s'ils réfléchissent une fenêtre ou des éléments à angles vifs.

En ce qui concerne les matières, leur sélection se fera en fonction des énergies dont vous souhaitez disposer dans votre salon.

Ceux qui mènent une vie trépidante auront plus besoin de repos chez eux et privilégieront un environnement *yin* avec des matières douces, accueillantes et confortables. On peut citer le moelleux des fauteuils, des coussins, des tapis, de la moquette et de la texture des rideaux.

Des personnes âgées, par exemple, qui souhaiteront se redynamiser, rajouteront des éléments de type *yang*. Tout est question d'équilibre et d'harmonie avec le type de vie que l'on mène et que l'on souhaite ajuster.

D'une manière générale, l'énergie *yin* est à équilibrer avec une énergie émettrice de type *yang*. Cette dernière pourra être présente dans la structure des assises, des consoles, des tables et buffets, dans le carrelage, le parquet, les formes rondes et les matières à surface réfléchissante.

Le bon éclairage dans le salon sera l'éclairage dont vous avez besoin : vif pour la lecture, doux pour les soirées et les moments de détente, lumineux pour recevoir.

Un éclairage aux bougies invite à l'intimité et à la douceur. Il atténue la fatigue sur les visages et les embellit.

LES OBJETS DE DÉCORATION

Chaque objet que vous posez dans votre salon a une signature énergétique. Il émane de toute chose des signes, interprétés différemment selon nos cultures et nos origines.

Si les objets n'ont bien évidemment pas d'âme, ils sont cependant souvent la projection de nos émotions, de nos désirs et de nos sentiments. Un bel objet pourra faire la joie quotidienne de l'un, quand ce même objet sera source d'énervement ou de désagrément pour l'autre. Tout dépend de ce que chacun projette sur l'objet. Veillez donc, dans un espace commun, à choisir ensemble vos objets de décoration. Les objets plus personnels, sur lesquels vos avis divergent sont à placer dans les espaces privés de l'un ou de l'autre.

Vous disposerez des tableaux et des objets représentant des images propices et des symboles de chance. Vous éviterez tout symbole de guerre (arme de combat, couteau, flèche) ou animal sauvage.
Les objets que vous n'aimez pas, qui vous rappellent de mauvais souvenirs, doivent impérativement être retirés de la pièce (rangés, donnés ou jetés).

Vous avez procédé par étapes – l'entrée puis le salon – et avez mis en place les conseils. La situation, imperceptiblement mais sûrement, commence à changer. Le processus est en route. Nous allons pouvoir le consolider en nous rendant dans la cuisine.

LA CUISINE

« Une bonne cuisinière est une fée qui dispense le bonheur » nous dit Elsa Schiaparelli, styliste française. « Cuisiner suppose une tête légère, un esprit généreux et un cœur large », nous dit Paul Gauguin, peintre et sculpteur français. Les proverbes et dictons sont souvent de bon sens et nous allons voir que les pensées d'Elsa Schiaparelli et de Paul Gauguin induisent ce que le Feng Shui préconise et suggère.
La cuisine, source d'énergie et de nourriture terrestre, est une pièce essentielle en Feng Shui : elle est le siège, le point de rencontre de trois énergies vitales : l'énergie de la nourriture, l'énergie du cuisinier et l'énergie du feu.
Ces trois énergies ont une incidence directe sur la santé physique, en nourrissant le tonus et la vitalité.
Voyons les propriétés de ces trois énergies.
La qualité de la nourriture dépend de la qualité de terre et de la façon dont elle a été cultivée. Elle dépend aussi de la façon dont elle a été récoltée et manipulée.
Une nourriture de bonne qualité est bénéfique pour la santé, la vitalité et la vigueur, elle dépend aussi de sa préparation et de sa cuisson.

La condition énergétique et l'humeur du maître queux influencent donc l'énergie de la nourriture : les émotions du cuisinier, ou de la cuisinière, se transmettent dans les préparations. Il est essentiel qu'il (elle) se sente bien dans son lieu de travail, lieu d'élaboration de ses plats. C'est l'organisation physique de la cuisine qui est impliquée ici.

L'énergie du feu est l'énergie de votre four, de vos plaques de cuisson, que ces dernières fonctionnent à l'électricité ou au gaz, qu'elles soient classiques, en vitrocéramique ou à induction. Cette énergie a aussi une importance prépondérante.

Une cuisine aux dispositions favorables est une cuisine bien éclairée, elle doit aussi être spacieuse et bien aérée.

La position idéale du fourneau est celle où le cuisinier voit la porte d'entrée tout en préparant ses plats.

Pour ne pas contrarier l'énergie du feu et attirer la malchance chez vous, séparez bien les éléments feu (four, four à micro-ondes et plaques) des éléments eau (frigo, lave-vaisselle, lave-linge s'il se trouve dans la cuisine). La distance préconisée entre les éléments feu et eau est d'au moins 60 cm (ce qui correspond aux normes de sécurité européennes entre les plaques de cuisson et l'évier, il n'y a pas de hasard !).

Si les éléments doivent être agencés de façon favorable, les couleurs et les matériaux qui les composent ont aussi leur importance. Pour le mobilier, évitez le rouge vif, la cuisine étant d'énergie feu, inutile de l'activer davantage. La couleur à privilégier est le blanc, équilibre parfait de l'ensemble des couleurs. Cette couleur interdit de plus toute trace de salissure et permet de garder cet espace parfaitement propre et hygiénique.

Le sol doit être de préférence en carrelage, le carrelage étant associé à l'élément terre. Dans les tons beiges, bruns, il contrôle le feu. Vous ne mettrez pas de parquet dans la cuisine, inutile d'activer l'énergie du feu en le nourrissant de bois.

Les placards et les tiroirs doivent régulièrement être rangés, lavés et triés. Leurs structures doivent être solides et en bon état.

Les portes des placards doivent s'ouvrir et se fermer aisément, les charnières doivent fonctionner et les tiroirs coulisser naturellement. Les rangements doivent contenir des éléments utiles, en état de marche. Prenez soin de vous délester de tout objet inutile (vaisselle ébréchée, abîmée, cassée ou robots hors d'usage), ces objets sont source d'énergies nocives.
Comme le reste de la cuisine, le four et les plaques de cuisson doivent toujours être parfaitement propres. Les traces de nourriture et les restes périmés, les poubelles débordantes et odorantes sont source d'énergies nocives.
Les réfrigérateurs et congélateurs doivent contenir des produits frais, et en quantité suffisante pour nourrir les habitants. Un réfrigérateur bien rempli de mets de qualité est signe de prospérité.
Maintenant que vous avez conçu ou réaménagé votre cuisine selon les règles du Feng Shui, passons à la salle à manger, ou au coin repas, lieux capitaux où vous allez déguster et partager vos repas.

LA SALLE À MANGER

La salle à manger est encore plus importante que le salon, car c'est dans cette pièce que la nourriture, destinée à toute la famille et aux amis, sera servie et… appréciée.
Selon Oscar Wilde : « Après un bon dîner, on peut pardonner à n'importe qui, même à sa famille. » À méditer !
Pour être bien en famille et bien entouré, il est important de pouvoir se retrouver autour d'une bonne table. Il est vrai que la taille de nos appartements et de nos lieux de vie ne permettent pas toujours d'avoir une pièce dédiée uniquement aux repas. Ainsi cet espace se trouve aujourd'hui souvent dans l'espace de vie, le salon ou encore dans la cuisine (lorsqu'elle permet d'accueillir tous ceux qui résident dans la maison). Si c'est le cas chez vous, appliquez-y néanmoins les règles destinées à la salle à manger, les effets seront aussi bénéfiques.

Pour commencer, il faut une table stable et des chaises autour. Il faut privilégier la libre circulation des individus autour de la table, en évitant de placer à proximité un buffet, un piano, un meuble imposant et gênant.

Une table trop fragile

Il y a quelques années, j'allai dîner chez un jeune couple. Ils démarraient dans la vie avec une table de bridge, recouverte d'un plateau en contre-plaqué, comme papa et maman (qui d'ailleurs leur avaient confié : « Parce que c'est comme ça dans la famille, toutes générations confondues, on commence par une table de bridge avant d'investir dans une vraie table. »).
Tout au long du dîner, il fallait bien respecter les consignes et faire attention à ne pas abîmer la table (le feutre, c'est fragile), à ne pas poser les coudes sur la table (sous réserve de faire basculer le plateau) et à ne pas poser de plats lourds dessus (les pieds peuvent supporter le poids d'un jeu de 54 cartes, voire deux jeux, mais guère plus !).
En fin de repas, alors que la table était encombrée d'assiettes, de verres et de couverts, l'un des pieds a eu la bonne idée de se plier et… le plateau et la totalité de la vaisselle ont glissé vers le sol, se brisant en mille morceaux !
Heureusement, il n'y a pas eu de blessé.
Le soir même la table était pliée pour être rendue aux parents, et le lendemain le jeune couple s'est offert une table bien solide !
Dès lors, il n'y a plus eu de consignes et cela a permis de se concentrer… sur la qualité du repas et sur les conversations !

La forme de la table a son importance, même si toutes ont des qualités. Les tables rondes sont les plus appréciées par le Feng Shui car elles suggèrent l'élément ciel, elles permettent une communication optimale, chacun étant à égale distance de l'autre. Exception faite des tables rondes pour quatre personnes, elles ne sont pas favorables. Préférez donc les tables rondes à partir de six personnes. De même une table pour dix est préférable à une table pour douze. Les tables carrées et rectangulaires sont aussi propices.

Un plateau tournant au centre de la table est un symbole favorable et très bénéfique.

Ayez toujours des chaises en nombre pair. Ayez toujours le nombre de chaises suffisant pour votre cercle familial premier, c'est-à-dire pour tous les occupants de la maison.

Une place manquante

Kevin, un père de quatre enfants, se plaignait d'avoir une famille disloquée, éclatée et de ne jamais prendre ses repas avec sa femme et ses enfants.

Je jetai un œil sur son coin repas : une table ronde pouvant accueillir quatre personnes avec quatre chaises. Dans la course effrénée qu'il menait entre son travail, sa famille et ses loisirs, il n'avait pas pris le temps de réaliser qu'il manquait deux places autour de la table.

Il n'a eu qu'à changer de table et qu'à rajouter deux chaises. La solution a été simple, radicale et… efficace !

Au mur, des représentations de festins, des natures mortes de fruits, de gibier... tous les objets ou les images qui figurent l'abondance et la chance associées aux aliments sont les bienvenus : ils sont censés dynamiser le Feng Shui de la nourriture.

Vous pouvez aussi installer un miroir qui doublera la table et ce qu'elle comporte : c'est un signe très favorable, qui apporte faste et prospérité dans votre salle à manger.

Une salle à manger bien agencée, accueillante et activée par des signes d'abondance attire les énergies propices dans votre maison et favorise les échanges. Elle favorise la bonne vitalité des résidants.

Votre maison est accueillante, les énergies favorables et propices se déploient dans votre intérieur, observons à présent les représentations que vous avez de ceux qui vous entourent.

LES REPRÉSENTATIONS DES AMIS ET DE LA FAMILLE

LA RÉIFICATION DES AMIS ET DE L'ENTOURAGE FAMILIAL

Les réseaux sociaux sont fantastiques pour se faire des amis. C'est simple comme bonjour, très rapidement nous pouvons nous faire des dizaines, des centaines d'amis. Les photos sont belles, les amis souriants, ils vivent dans un monde parfait. C'est très beau, mais est-ce le reflet de la réalité ? Avoir des amis sur un écran, qui d'un clic sont là, mais qui d'un clic disparaissent, peut être perturbant. Les avoir chez soi, physiquement, c'est déjà la possibilité d'échanger, de se nourrir les uns les autres, de maintenir et de faire grandir une relation.

Chez soi, il est parfois plus difficile de représenter ses amis, pourtant les possibilités sont grandes : au travers d'objets qu'ils nous ont offerts, de photographies, de petites phrases inscrites dans un livre d'or que chacun peut signer en passant chez vous, ou encore comme chez Marie et Jeff où un grand lustre reçoit des centaines de petits mots écrits par ceux qui passent chez eux. Cela peut aussi être une plante, une fleur ou un arbre planté dans le jardin, plante qui grandira avec votre amitié et se fortifiera avec le temps.

Accrochez dans votre salon des photos des membres de votre famille (ancêtres, oncles, tantes, neveux, nièces...), tous ceux que vous aimez et auxquels vous tenez. Les photos symbolisent la bonne fortune et vous rappellent que vous faites partie d'un groupe, que vous n'êtes pas seul.

C'est l'image que je préfère et je suggère souvent dans mes expertises de prendre le temps de choisir des photos d'amis et de les agencer sur un grand tableau ou sur une plaque magnétique, ou encore de dessiner son « arbre des amitiés ».

Visualiser ses amis, ses mentors, ses groupes de soutien est un appui, un pilier sur lequel poser son regard dans les moments de solitude ou de tristesse. Ils sont là, visiblement représentés, dans les moments de joie et de partage. Ils sont aussi heureux d'être représentés chez vous.

Il existe également un certain nombre de symboles porte-bonheur utilisés dans la pratique du Feng Shui. Parmi ceux-ci, nous pouvons citer le dragon céleste et le phénix qui expriment le bonheur conjugal, les papillons et les pivoines qui attirent l'amour (particulièrement pour les femmes célibataires), les pièces de monnaie, les grenouilles et les crapauds, les poissons dans l'eau, les tortues qui favorisent la richesse ou encore des coupes de fruits.

À vous de faire le bon choix parmi ces représentations, choisissez en fonction de votre art de vivre, de vos goûts, de votre environnement et de votre culture. Adoptez les symboles ayant une signification et un sens de l'amitié.

ÊTRE BIEN ENTOURÉ, UNE SIMPLE QUESTION DE PLACE ?

La question de la place est une question qui se pose lorsque nous souhaitons recevoir, en témoignent les deux exemples qui suivent.

J'ai connu, il y a une vingtaine d'années, une couple d'étudiants qui vivait dans un trois-pièces de... 27 m^2. C'était trois chambres de bonne réunies, avec une entrée de moins de 1 m^2. La douche et les toilettes étaient sur le palier. Et pourtant chez eux, c'était tout le temps la fête, les amis défilaient : dîners à même le sol avec pizzas et glaces. L'ambiance était simple mais très conviviale. Une pièce était réservée pour dormir, l'autre pour travailler, la troisième hébergeait leur dressing et... un lit d'appoint pour qui passait la nuit !

À l'inverse, j'ai connu un couple qui habitait dans un *penthouse* de... 1000 m^2 et qui ne pouvait envisager d'héberger un ami de plus lorsqu'ils avaient déjà trois invités : « Désolé, c'est impossible que tu restes, la maison est pleine ! ».

Ces deux exemples extrêmes démontrent que recevoir n'est pas qu'une question de place. Recevoir, c'est aussi l'envie de voir l'autre, de partager, d'échanger, sans s'encombrer de détails et de questions techniques et pratiques. Un bon ami vous apprécie pour ce que vous êtes, non pour ce que vous possédez.

ÉTAPE 4 : JE VÉRIFIE MES CONNAISSANCES

Vous allez maintenant observer attentivement les deux dessins ci-dessous. Sans vous attarder sur le style des mobiliers, vous allez repérer au moins sept erreurs à éviter. Ainsi vous aurez la certitude de pouvoir à votre tour et en toute sérénité faire les bons choix Feng Shui pour votre salon et votre cuisine (voir solutions p. 185 et 186).

LE SALON

Le jeu des 7 erreurs

LA CUISINE

FICHE RÉCAPITULATIVE

Étape 1

Je fais mes exercices et j'établis le diagnostic :

Je remplis le questionnaire.
Je dessine mon graphe de satisfaction.
Je porte mon attention sur les éléments qui m'ont perturbé.
Je note les informations relatives aux changements.

Étape 2

Je m'inspire d'un témoignage :

Je lis avec attention le témoignage.
Je recherche les éléments qui entrent en résonance avec mes préoccupations.
Je note les éléments pivot et je me concentre sur ce que je souhaite modifier pour atteindre mon objectif.

Étape 3

Je découvre les conseils Feng Shui :

Une entrée qui donne le ton.
Le salon, visage ouvert vers l'extérieur, accueillant et chaleureux.
Une cuisine source d'énergie.
La salle à manger, lieu de partage et de communication.

Étape 4

Je vérifie mes connaissances :

Je fais le jeu des sept erreurs.

CONCLUSION

Être heureux, gérer sa vie dans le calme, l'harmonie et l'efficacité est un but que nous sommes nombreux à poursuivre. Prendre le temps de réfléchir sur nos blocages – lire ce livre guide –, c'est déjà une prise de conscience. L'envie de changer certains aspects de sa vie est une première étape pour réussir, car plus l'envie d'atteindre son objectif est présente, meilleures sont les chances de réussite.

Ce qui compte, c'est de vouloir sincèrement changer les choses. C'est être disponible, accepter de débuter par de petits changements, attendre patiemment que les effets se manifestent.

Les modifications, subtiles ou radicales, dans notre environnement ont des répercussions qui dépassent le simple geste de changement ou de déplacement des objets. C'est le chemin vers le changement qui importe plus que le résultat, c'est ce parcours qui permet d'atteindre les buts que nous nous sommes fixés.

Comme le disait souvent mon maître Feng Shui : « Ne croyez rien, vérifiez par vous-même : l'expérience est une lumière qui n'éclaire que celui qui la porte. »

Si nous ne pouvons maîtriser les événements qui nous entourent, nous avons, en revanche, un contrôle quasi absolu sur nos espaces de vie privée. Notre intérieur est le refuge, l'abri, le lieu de notre ressourcement, de notre équilibre et de notre harmonie, c'est pourquoi il est si important d'y porter toute l'attention qu'il mérite.

SOLUTIONS

LA SALLE DE BAIN

1 & 1bis : la fuite d'eau est signe de perte d'argent ; **2** : les moisissures sont une énergie néfaste ; **3** : l'armoire à pharmacie est surchargée ; **4** : les miroirs séparés induisent une séparation ; **5** : la poubelle non vidée est une énergie néfaste ; **6** : la lunette soulevée est une énergie nocive ; **7** : le panier de linge sale débordant est source d'énergie affligeante.

L'EMPLACEMENT DU LIT

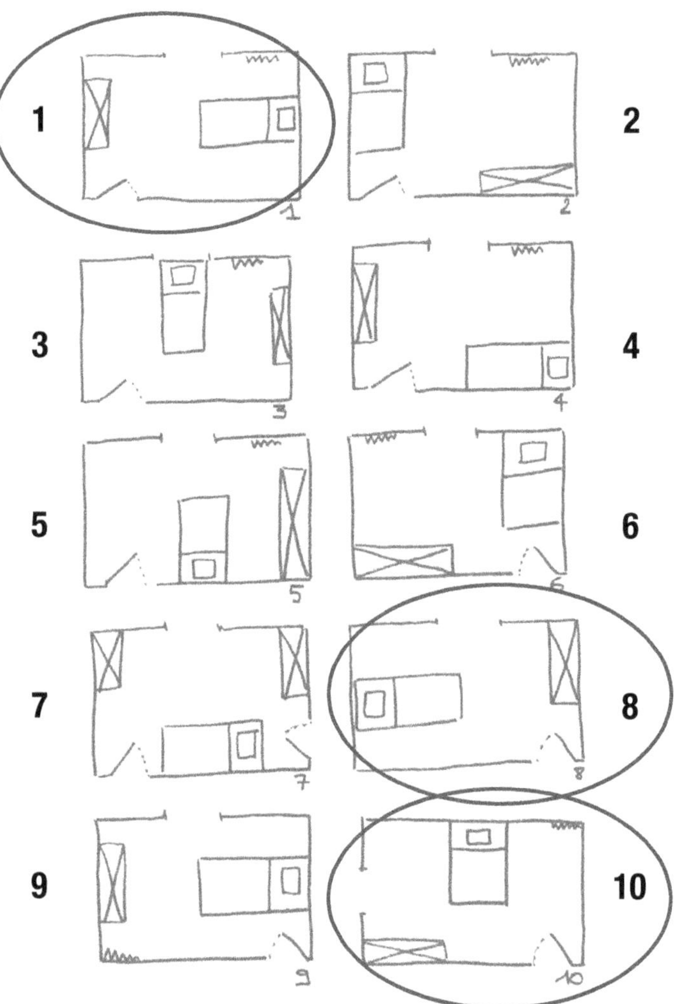

Ces dispositions de pièces sont assez courantes. Je les ai volontairement laissées de forme rectangulaire pour plus de simplicité et parce que c'est la meilleure forme. Dans chacune l'espace vide représente la fenêtre, le segment en biais la porte et son ouverture, le zigzag est le radiateur, et le rectangle avec une croix symbolise l'armoire. L'attention est à porter sur la disposition du lit par rapport à la porte et au mur qui le soutien.

2, 6 et 9 : le lit est dans le passage, attention, ce ne sont que les morts qui partent les pieds devant ; **3** : le lit est adossé à la fenêtre, signe de manque d'appui ; **4** : le lit est collé au mur qui inclut la porte, induisant possiblement de la peur ou de l'effroi ; **5** : le lit est dos à la porte, induisant un sentiment d'insécurité ; **7** : le lit est coincé entre deux portes, en plus la tête de lit est dirigée vers une porte, ce qui induit un sentiment d'insécurité et d'appréhension.

Les bonnes configurations correspondent aux dessins 1, 8 et 10.

LA CHAMBRE

1 : la position du lit dos à la salle de bain et au couloir induit un sentiment d'insécurité ; **2** : le tableau d'un voilier sur une mer démontée en tête de lit donne un sentiment d'insécurité, de perte ; **3** : les miroirs sur l'armoire qui réfléchissent le lit induisent l'idée de séparation du couple, plus une énergie *yang*; **4** : les cartons et les moutons sur le haut de l'armoire provoquent une fatigue au niveau de la pensée ; **5** : l'ordinateur et les dossiers de travail doivent sortir de la chambre, ce n'est pas un lieu de travail ; **6** : les sommiers et les matelas sont séparés, par analogie, cela illustre la séparation du couple ; **7** : la table de chevet comme bibliothèque n'est pas propice au repos.

LA CHAMBRE D'ENFANT

1 : les étagères au-dessus de la tête de lit créent une situation d'inconfort, de danger ;
2 : les livres en hauteur ne sont pas accessibles et peuvent tomber, source de danger ;
3 : la frise empêche l'enfant de grandir ; **4** : l'image d'un animal féroce est signe de danger ;
5 : le miroir *yang* ; **6** : l'ordinateur qui, s'il permet d'ouvrir une fenêtre sur le monde, permet aussi au monde d'entrer dans la chambre et dans l'intimité de l'enfant ; **7** : le tabouret rond, sans dossier, influe sur la rapidité à quitter le bureau ; **8** : la télévision et ses films violents ;
9 : l'épée, tranchante, est source de danger.

LE SALON

1 : les deux canapés sont en position d'insécurité, le premier est dos à la porte, sans accoudoirs, sans soutien, le second est sous un escalier (énergie néfaste) ; **2** : le miroir brisé donne une image brisée de soi lorsqu'on se regarde ; **3** : un bouquet de fleurs séchées est une énergie néfaste ; **4** : le fauteuil est seul, par analogie, la personne se sent seule et est en position d'attente ; **5** : les escaliers envoient des flèches empoisonnées, l'énergie est néfaste ; **6** : les étagères sont au-dessus du canapé, signe d'incertitude et de danger au-dessus de la tête ; **7** : les cactus à épines lancent des flèches empoisonnées ; **8** : le tableau « La vengeance dans la peau » envoie des informations négatives.

LA CUISINE

1 : la fenêtre derrière les plaques de cuisson induit un manque de soutien, l'énergie part à l'extérieur, de plus les évaporations des casseroles salissent la fenêtre ; **2** : l'absence d'espace entre la cuisinière et l'évier signifie un danger (conflit entre l'eau et le feu) ; **3** : le miroir qui réfléchit les plaques de cuisson est source d'énergie néfaste et renforce le conflit eau/feu ; **4 et 5** : le four à micro-ondes posé sur le lave-vaisselle et contre le frigidaire congélateur est signe de conflit entre l'élément feu du micro-ondes et l'élément eau du frigidaire et du lave-vaisselle (il y a danger) ; **6** : le parquet au sol (associé à l'élément bois) n'est pas recommandé, du carrelage serait plus adéquat ; **7** : la poubelle sent mauvais ; **8** : la fuite d'eau est signe de perte d'argent.

Les souris, c'est pour rire !

BIBLIOGRAPHIE

À PROPOS DU FENG SHUI

Sous la direction du docteur Jean-Marc BENHAIEM, *L'hypnose aujourd'hui*, In press, 2005

Simon BROWN, *La bible du Feng Shui*, Trédaniel, 2005

Guillaume GÉRAULT, Ronald MARY, *Le guide de l'aromathérapie*, Albin Michel, 2009

Daniel GOLEMAN, *L'intelligence émotionnelle*, J'ai lu, 2003

David Daniel KENNEDY, *Le Feng Shui pour les nuls*, First Éditions, 2012

Denise LINN, *Les espaces sacrés*, Ada Éditions, 2005

New Scientist, *Mais qui mange les guêpes ? et 100 autres questions idiotes et passionnantes*, Points, 2008

Christel PETITCOLLIN, *Émotions, mode d'emploi*, Jouvence Éditions, 2003

Erik PIGANI, Flavia MAZELIN SALVI, *Bien-être zen au quotidien*, LGF, 2007

Marshall ROSENBERG, *La communication non violente au quotidien*, Jouvence Éditions, 2003

Benoît SAINT GIRONS, *L'obsession de la performance : pièges et illusions*, Jouvence Éditions, 2009

Astrid SCHILLING, *Le diagnostic Feng Shui*, Grancher, 2011

Serge TISSERON, Bernard STIEGLER, *Faut-il interdire les écrans aux enfants ?*, Mordicus, 2009

Liliane TOO, *365 astuces Feng Shui*, Trédaniel, 2007

Liliane TOO, *Les bons plans Feng Shui*, Trédaniel, 2004

Liliane TOO, *L'essentiel du Feng Shui : relations, santé, prospérité*, Trédaniel, 2000

Liliane TOO, *Guide illustré du Feng Shui*, Trédaniel, 1998 pour la traduction française.

Christine ULIVUCCI, *Psychogénéalogie des lieux de vie : ces lieux qui nous habitent*, Payot, 2010

Éva WONG, *Leçons approfondies de Feng Shui*, Courrier du Livre, 2007

Zu-Hui YANG, Hiria OTTINO, *La vérité des apparences : Feng Shui taoïste*, Trédaniel, 2001

CEUX QUI M'INSPIRENT ET ME GUIDENT PAR LEURS ÉCRITS, LEURS RECHERCHES ET LEURS ENSEIGNEMENTS

Mitch ALBOM, *Les cinq personnes que j'ai rencontrées là-haut*, Oh ! Éditions, 2004

Jorge BUCAY, *Laisse-moi te raconter les chemins de la vie…*, Pocket, 2011

Paolo COELHO, *Aleph*, Flammarion, 2011

Paolo COELHO, *Brida*, Flammarion, 2010

Guy GILBERT, *Apprends à pardonner : la plus belle promesse de liberté*, Éditions Philippe Rey, 2010

Élisabeth GILBERT, *Mange, prie, aime*, LGF, 2009

Bernard GOUNEL, *L'homme qui voulait être heureux*, Pocket, 2010

Anselm GRÜN, *Petite méditation sur le mystère de l'amitié*, Albin Michel, 2004

Maître Jing HONG ZHOU, Docteur Jean BECCHIO, *Le Qi Gong de la sagesse : la santé par la gymnastique chinoise*, Libraire You-Feng, 1997

Frédéric LENOIR, *Petit traité de vie intérieur*, Éditions Plon, 2010

Guillaume MUSSO, *L'appel de l'ange*, XO, 2011

Don Miguel RUIZ, *Les quatre accords Toltèques*, Jouvence Éditions, 2005

Eric-Emmanuel SCHMITT, *La femme au miroir*, Albin Michel, 2011

Bernard WERBER, *Nouvelle encyclopédie du savoir relatif et absolu*, LGF, 2011

Michael ZADOORIAN *Le Cherche Bonheur*, Fleuve noir, 2010

www.ingramcontent.com/pod-product-compliance
Ingram Content Group UK Ltd.
Pitfield, Milton Keynes, MK11 3LW, UK
UKHW051623230726
13924UKWH00013BA/2258

9 782212 554212